NICOLAS, 25 ANS, RESCAPÉ DES TÉMOINS DE JÉHOVAH

Tous droits réservés
© Nicolas Jacquette, 2014
ISBN : 978-2-35315-018-2

Nicolas Jacquette

**NICOLAS, 25 ANS,
RESCAPÉ DES TÉMOINS
DE JÉHOVAH**

Livre édité en 2007 aux Editions Balland,
réédité en auto-édition en 2014
en version complétée

*À mes parents, mes deux sœurs
et mon frère, encore dans la secte.
À ma grand-mère.*

PRÉFACE
Introduction de Georges Fenech

Le déclin des religions traditionnelles, le bouleversement des structures familiales, la crise des valeurs occidentales sont autant d'explications à l'expansion du phénomène sectaire. L'homme, cet animal religieux, angoissé par l'avenir, devint une proie idéale pour des groupements pseudo-religieux, capables d'offrir sur mesure toutes sortes de solutions de rechange ou de faire espérer la survie à une apocalypse imminente, de promettre un nouveau monde sans guerre, sans souffrance, sans maladie, sans drogue, fait de bonheur et d'amour. Ces nouveaux mouvements, passés maîtres dans une forme de tératologie de l'adepte, exploitent habilement par voie de prosélytisme la moindre faiblesse de l'individu, qu'il se retrouve isolé à la suite d'une rupture familiale, professionnelle ou encore frappé d'une maladie grave.

Le courageux combat de Nicolas Jacquette, happé dès sa naissance et jusqu'à l'âge de 22 ans par les *Témoins de Jéhovah*, en raison de l'appartenance de ses parents à cette organisation, prend tout son sens lorsqu'on sait qu'environ 80 000 enfants sont touchés en France par le phénomène sectaire à des degrés divers. Privés d'ouverture d'esprit sur le monde extérieur, ces jeunes, fragiles et hors d'état de se protéger eux-mêmes, sont pourtant en droit d'exiger d'une société qu'elle mette tout en œuvre pour leur porter aide et assistance. Car, force est de constater que même dans les communautés en apparence « ouvertes » où les enfants sont scolarisés au sein de l'éducation nationale, ils restent fortement conditionnés par le groupe.

L'école peut même devenir pour certains le lieu privilégié de l'endoctrinement, tel que le préconise cette recommandation du Ministère du Royaume : « Plus tôt la formation commence, plus grandes sont les chances que les enfants s'enracinent solidement dans *la Vérité* et fassent du ministère leur vocation. Cette formation précoce aura aussi l'avantage de les protéger des façons de penser et d'agir du *monde*. Avant même d'être en âge d'aller à l'école, beaucoup d'enfants montrent une étonnante aptitude à apprendre des choses compliquées.

Canalisons cette faculté d'assimilation précoce pour qu'ils acquièrent des capacités qui leur vaudront l'approbation de *Jéhovah* ».

Devant la commission d'enquête, Nicolas Jacquette a décrit de l'intérieur cette situation qu'il a lui-même subie : « Les *Témoins de Jéhovah* se targuent de ne pas être une secte, alléguant que leurs enfants ne sont pas coupés du monde : ils vont à l'école, font parfois des études supérieures, travaillent dans le monde extérieur. Mais l'embrigadement est bien là et les atteintes à l'identité, à la personnalité, à la vie affective, morale et physique sont réelles, même si elles sont d'emblée prévues pour que l'enfant les dissimule au monde extérieur. »

Comment tolérer plus longtemps que ces enfants soient conçus et élevés dans le seul but d'en faire de bons adeptes et rien d'autre, que le temps unique de l'enfance leur soit volé au bénéfice du groupe.

Dans son voyage intérieur, Nicolas Jacquette avec pudeur a livré devant la représentation nationale quelques souvenirs douloureux:

«Voir se succéder tous les réveillons de Noël, du jour de l'An, l'anniversaire, sans qu'il ne se passe rien d'autre qu'un jour normal, entendre le lendemain tous les copains parler des cadeaux qu'ils ont reçus, être invité à un anniversaire et ne pas pouvoir y aller, ne pas pouvoir fêter le sien ... je ne sais même pas quel âge ont mes parents : on n'a jamais fêté leur anniversaire. »

La question de l'enfermement de l'enfant dans des organisations à caractère sectaire se pose avec acuité. Non seulement cet enfermement social et psychologique aboutit à récuser totalement le monde extérieur pendant le temps de l'enfance mais, à supposer que le mineur sorte un jour du mouvement auquel appartiennent ses parents, il souffrira d'une grande inadaptation à la vie en société. Pourtant, faut-il le rappeler, la France est signataire de la Convention de New-York de 1989 sur les droits de l'enfant qui édite en son article 13 que « l'enfant a droit à la liberté d'expression ... que ce droit comprend la liberté de rechercher, de recevoir et de

Introduction de Georges Fenech

répandre des informations et des idées de toute espèce, sans considération de frontière. »

Et quand certains brandissent l'étendard de la liberté de religion comme un paravent, il faut simplement leur demander si, sous couvert de liberté d'opinion, de croyance ou de religion, un groupement quel qu'il soit peut priver un enfant de toutes les autres libertés fondamentales.

C'est bien dans cet esprit que la commission d'enquête parlementaire, relative à l'influence des mouvements à caractère sectaire sur la santé physique et mentale des mineurs, à laquelle a précieusement contribué Nicolas Jacquette, a œuvré dans l'intérêt de ces jeunes victimes oubliées de la société.

J'émets le vœu que ce bouleversant témoignage de Nicolas Jacquette soit lu par le plus grand nombre, car plus que n'importe qu'elle thèse savante sur les dérives sectaires, et, loin de toute rancœur ou esprit de vengeance, il lance une terrible pierre dans le jardin de tous les contempteurs de la liberté.

Georges Fenech – Député –
Président de la Commission d'enquête parlementaire sur les sectes et les mineurs

Nicolas, 25 ans, rescapé des Témoins de Jéhovah

INTRODUCTION
Lettre à ma famille

Paris, le 29 mars 2007

Papa, Maman, Magali, Sonia, Frédéric,

Vous avez entre les mains, mon témoignage, celui de mon enfance dans notre famille *Témoin de Jéhovah*. Vous vous demandez sans doute ce qui vous tombe dessus ou ce que vous avez fait pour mériter ça. Je conçois que ce ne doit pas être facile pour vous et ça ne l'est pas pour moi non plus. Je vous aime et si cela vous fait mal, j'en souffre également. Mais de deux maux j'ai choisi le moindre. Je ne peux vous laisser dans ce que je considère maintenant comme une secte, sans rien dire, sans tenter de vous montrer l'évidence, sans espérer retrouver ma famille que les *Témoins de Jéhovah* m'ont prise. Tout comme, de votre point de vue, vous avez choisi le moindre mal en m'abandonnant, ce qui vous fait certainement de la peine, plutôt que de transiger avec les ordonnances imposées par les *Témoins de Jéhovah*. Ils m'ont privé de ma grand-mère pendant toute mon enfance, je ne les laisserais pas m'enlever ma famille.

Je vous aime et c'est pour vous, avant tout, que j'ai écrit ce témoignage. J'espère l'électrochoc. J'espère que vous réaliserez au fur et à mesure des pages l'aberrant de ce que les *Témoins de Jéhovah* ont exigé de nous et vous ont poussé à faire. J'espère craqueler un peu la carapace que cette secte vous a appris à créer pour empêcher toute idée extérieure ou remise en question sur

Nicolas, 25 ans, rescapé des Témoins de Jéhovah

le mouvement de pénétrer. Mais les faits sont là, les *Témoins de Jéhovah* sont une secte. Trouvez toutes les excuses possibles, prêtez moi les pires intentions, continuez à rejeter tous mes arguments en bloc, il n'en demeurera pas moins que cette secte fait des victimes, chaque jour plus nombreuses : morts pour le sang, suicides, dépressions, enfants abusés, familles brisées comme la notre, la liste est longue. J'en rencontre chaque jour d'avantage, blessées à vie, abandonnées, humiliées, abusées.

Je ne m'attaque ni à vous ni aux autres adeptes en disant cela, même si vous le prendrez certainement pour vous, à tort. Je vous aime trop pour vous vouloir du mal. Mais chez les *Témoins de Jéhovah*, les adeptes portent le même nom que le mouvement lui-même ce qui crée un trouble, aussi sachez le, lorsque je parle des *Témoins de Jéhovah*, je parle du mouvement, de l'idéologie, du système, non des hommes, des femmes et des enfants qui le subissent et dont vous faites partie. Je considère tous les membres de ce mouvement non comme coupables mais subissant l'embrigadement. Je sais trop bien d'où je viens et ce qu'on m'avait imposé de croire. J'ai surtout découvert les mensonges, la manipulation, la tromperie qui caractérisent cette idéologie et je ne peux supporter l'idée que vous en soyez les jouets, les victimes.

Papa, maman, je ne vous en veux pour rien, au contraire. Je sais que c'est par amour que vous m'avez élevé en *Témoin de Jéhovah*, persuadés que vous l'étiez que c'était la meilleure chose à faire pour que je puisse avoir la vie sauve. Vous avez en plus fait tout votre possible, au milieu de la foule d'interdits imposés par le mouvement, pour nous permettre d'avoir un peu de plaisir et de distractions. Je sais à quel point cela a été difficile pour vous, à combien de sacrifices il vous a fallut vous résoudre et je ne vous en aime que d'autant plus. Je vous remercie même car, malgré le carcan sectaire qui nous a été imposé, votre amour a été le plus fort et sans le savoir, vous m'avez donné pendant toutes ces années les armes pour m'en sortir. Sans vous, sans votre amour, je n'aurais sans doute jamais pu quitter *l'organisation* des *Témoins de Jéhovah*.

Ce livre, je vous le dédie.

Lettre à ma famille

Papa, Maman, Magali, Sonia, Frédéric, à très bientôt dans la vraie vie.

Nicolas

Nicolas, 25 ans, rescapé des Témoins de Jéhovah

Note au lecteur

AVERTISSEMENT
Note au lecteur

Les mots en *italique* dans le texte désignent des termes utilisés par la secte elle-même, des extraits de sa « Bible », des passages de ses *publications* et des citations de ses membres. Le lecteur trouvera les informations nécessaires à leur compréhension dans le glossaire.

Nicolas, 25 ans, rescapé des Témoins de Jéhovah

PRÉAMBULE
Nicolas, 25 ans, rescapé

Je me présente. Nicolas Jacquette, 25 ans, 1m80, 68 kg, brun, les yeux verts, oreilles un peu décollées (il parait que ça fait mon charme). Je vis au centre de Paris, dans un petit studio. 18 m2, pas très grand mais confortable, un futon roulé dans un coin, un grand hamac rempli de coussins, des toiles aux murs, un plan de travail sur tréteaux pour peindre et travailler sur ordinateur. Voilà c'est chez moi. Je partage mon petit espace avec deux chats. Depuis 3 ans, je travaille dans l'illustration et le graphisme. En somme, un gars comme tant d'autres. A un détail près :

Je suis un rescapé des *Témoins de Jéhovah*.

Et oui *Témoin de Jéhovah*, ou « *TJ* » comme ils se surnomment entre eux. J'ai été un de ces gentils gâcheurs de grâce matinée souriant à votre porte un samedi matin, à la sortie d'une bouche de métro, sur un stand au marché, dans un train à côté de vous, dans une *salle* de classe à côté de votre enfant. J'ai été une de ces personnes laissant apparemment négligemment une « *Tour de Garde* » ou un « *Réveillez-vous !* » (ce sont leurs revues phares) dans une *salle* d'attente de médecin, sur un siège de métro ou la table de la *salle* à café d'une entreprise. J'ai été quelqu'un qui était toujours aux aguets de la détresse de mes contemporains. Un décès, un licenciement, une peine de cœur, un enfant difficile, une question existentielle ; quel que soit le problème, sous des airs compatissants, j'orientais la conversation sur un terrain propice à suggérer comme unique

Nicolas, 25 ans, rescapé des Témoins de Jéhovah

solution à mon interlocuteur, à ma proie, une unique Vérité, avec un grand V, celle des *TJ*.

Vous en connaissez tous, au moins un, dans votre entourage. Ils finissent toujours par se faire connaître une fois qu'ils ont donné l'image à leur entourage de quelqu'un de gentil, aimable, honnête, serviable, bon citoyen, travailleur, studieux. Une fois le vernis posé, ils lui donnent un nom : « Je suis *Témoins de Jéhovah*. » Comme une justification de tous les traits attirants qu'ils s'évertuent à développer. Et surtout comme une réponse préparée à la réaction qui ne manquera pas de fuser : « Mais c'est une secte ! » Bien sûr que non, regardez comme ils sont gentils. L'argument évincé, la place est laissée libre au prosélytisme le plus intensif. Car combien peuvent prétendre pouvoir étayer cette qualification de secte ? Bien peu en vérité. Pour cela il faudrait avoir étudié ce mouvement, ses écrits, ses coutumes, le rythme de vie imposé à ses adeptes, ses exigences financières. La plupart de ceux qui s'y attellent sont des proches de ces *TJ* ou de personnes qu'ils sont en train d'embrigader. Ils le font par nécessité, pour comprendre à quelle mécanique ils ont à faire. Pour essayer d'en sortir ceux qu'ils aiment. Comme j'essaie moi même d'en sortir ma famille. Car mes parents, mon grand frère et mes deux petites sœurs, sont *Témoins de Jéhovah*.

Mes parents l'étaient avant notre naissance. Ils ont tout fait pour que nous en soyons aussi, persuadés par la secte que c'était la meilleure chose à faire pour nous garantir un avenir heureux et éternel. Mon père doit avoir je pense, la cinquantaine, et ma mère aux alentours de 45 ans. Je ne sais pas exactement. Je ne connais pas leur date de naissance, nous n'avons jamais fêté leur anniversaire, ni le mien d'ailleurs. Ils sont tous deux enfants d'ouvriers, issus d'un milieu modeste. Mon père est un homme de belle stature, ancien rugby man, il a conservé une silhouette où l'on sent la force physique. Cheveux châtains grisonnants aux tempes, de petits yeux pétillants, il a toujours le charme du beau gosse du quartier qu'il était, jeune. Il a une voix pleine et rassurante, de celles qui en imposent. Il le sait et en use, c'est un sacré marchandeur. Il est d'un caractère fier et orgueilleux qui ne supporte pas d'avoir tort. Il est aussi de ces pères un peu gauche dans ses marques d'affection, mais pour qui chaque silence ou mot banal en dit long. Il travaille à Lisieux, comme directeur d'une agence de nettoyage et de télésurveillance. Sans diplôme, il y a démarré comme nettoyeur de vitres et a gravi les échelons jusqu'à sa place actuelle, poste à hautes responsabilités. J'ai toujours été fier de son parcours.

Ma mère est plus petite, plus menue. Elle a des cheveux noirs et rebelles qu'elle a du mal à coiffer. J'ai hérité de son nez. Très myope, elle a gardé longtemps une grosse paire de lunettes à larges montures en plastique qui lui cachait le visage. Elle est timide, peu sûre d'elle, se persuadant qu'elle n'est pas jolie. Pour moi, elle est la plus belle des mamans. Elle a une fragilité, une coquetterie discrète. On ne lui en a jamais permis plus. Toujours impeccable, bien mise, en tailleur tombant sous les genoux et en chaussures à demi-talon. Mes camarades lui trouvaient des airs de poupée en porcelaine. J'en étais fier. Toujours le nez plongé dans les livres dans sa jeunesse, c'est elle, de mes deux parents, qui fit le plus d'études. Poussée à travailler rapidement, elle se cantonnât à une formation de secrétaire. Et je sais maintenant quel gâchis ce fut, au regard du potentiel qui est encore le sien. Elle est femme au foyer depuis leur mariage. Une fourmi devrais-je dire. Inlassable ménagère, mère attentionnée de quatre enfants, gestionnaire du budget du ménage scrupuleuse. Malgré un maigre salaire gagné durement par mon père, elle parvenait toujours à mettre de l'argent de côté.

Ils habitent en campagne, près d'un petit village bas-normand aux environs de Lisieux, Hermival Les Vaux. Ils ont une belle maison à étage où mon père a tout fait, hormis les murs porteurs et le toit. C'est un excellent bricoleur, le travail ne lui fait pas peur. Des papiers peints unis ou floraux couvrent les murs parcourus par des frises en bois ou en papier. La chambre de mes parents est au rez-de-chaussée à côté du salon, celle de la benjamine de mes sœurs, qui vit encore chez eux, est à l'étage. Mon ancienne chambre a été reconvertie en bureau de travail pour mon père. Celle de mon grand frère et de ma cadette en chambres d'amis. Une grande bibliothèque dans le couloir du haut mène à la pièce de travail de ma mère. C'est là qu'elle peint ou fait ses comptes. Au rez-de-chaussée, il y a le salon avec un insert, des canapés, une petite table basse, la télé et la vidéothèque. De l'autre côté du hall d'entrée c'est la *salle* à manger qui communique sur la cuisine. Il y a une belle grande table arrondie en bois, un piano droit, vestige du temps où ma sœur en jouait, un buffet à vaisselle et une armoire à verres et alcools. Ils ont aussi une voiture, deux chats, un cabanon de jardin et une haie de lauriers pour se cacher des voisins. En somme, des gens comme tant d'autres. A un détail près :

Ils ont été happés par la secte des *Témoins de Jéhovah* et ça, ça change toute une vie.

Ils ont abandonné leurs passions, se sont éloignés de leurs familles, ont coupé les ponts avec leurs amis d'avant. Ils consacrent un temps considérable chaque semaine à étudier la littérature de la secte, à assister à des *réunions* du mouvement et à faire du prosélytisme pour ramener de nouveaux adeptes. Ils ponctionnent chaque mois leur budget de près de 200 €, parfois d'avantage, pour le déposer dans les caisses de *l'organisation*. Ils ne se distraient qu'entre membres du groupe. Ils s'astreignent à une autocensure permanente sur tout ce qu'ils font, voient ou disent. Il ne fêtent plus aucune célébration populaire. Ils sont persuadés de faire parti d'un peuple élu, une élite connaissant *la Vérité* sur le passé, le présent et l'avenir. Ils espèrent vivre éternellement dans un *paradis* sur terre. Ils considèrent comme déjà morts les *TJ* qui ont été *exclus* ou ont quitté le mouvement. C'est pour cela qu'ils ne me contactent plus. Je suis déjà mort pour eux.

CHAPITRE 1
Ma famille *Témoin*

Ma mère a été enrôlée dans la secte enfant par sa propre mère. Ses deux frères et sa sœur n'ont heureusement pas été embrigadés. Son père était hostile aux croyances de sa femme. Un « *opposant* » comme les appellent les *TJ*. Elle et sa mère allaient donc souvent en cachette aux *réunions* du groupe. Cette opposition familiale, elles la prenaient pour une persécution, de celles sensées leur prouver qu'elles étaient dans « la Vérité » selon les *TJ*. On tient toujours d'avantage à ce dont on essaye de nous priver. C'est donc à l'insu de son père que ma mère se fit *baptiser Témoin de Jéhovah* à l'âge de 16 ans. Passionnée de littérature, très bonne en français, la secte, qui ne pousse pas aux longues études, la persuada d'en finir vite avec son cursus littéraire et d'entamer une formation courte lui permettant de travailler rapidement et … d'être rentable. Ma mère opta pour le secrétariat. Mon père est le seul de sa famille à être tombé dans la secte. C'était un jeune sportif à l'allure athlétique. Il jouait dans l'équipe de rugby de la ville avec son père. Une très bonne équipe, à l'époque. Ils partaient même jouer des matchs à l'étranger. Il vivait avec sa famille dans un immeuble du quartier d'Hauteville de Lisieux. A l'étage au-dessus, vivait une famille de *TJ*. Ils étaient gentils, accueillants, persuasifs. Mon père les crut et fit de plus en plus d'allées et venues entre son appartement et le leur. Ce que ne manqua pas de remarquer son père. Trop tard pour réagir, mon père était déjà embrigadé.

Mes parents sont donc *TJ* quand ils se croisent dans la *Salle du Royaume* de Lisieux. Les relations amoureuses et sexuelles ne sont autorisées qu'entre membres mariés et *baptisés* et répondent à un protocole strict. Ils sont majeurs depuis peu et décident de se fréquenter. Enfin, déclarent se fréquenter, car chez les *TJ*, le flirt n'existe pas. Avant d'entreprendre toute liaison, mon père et ma mère doivent prévenir leurs parents respectifs et les *anciens* de la *congrégation* qui donneront leur accord ou émettront des réserves. La décision leur appartient. Une fois la permission accordée, les futurs mariés – il n'y a pas d'autre alternative – sont autorisés à passer des moments ensemble... sans jamais être laissés seuls. Pour éviter les « dérapages » affectueux... Il est très mal vu de s'embrasser avant les fiançailles. Les contrevenants sont aussitôt sermonnés. Et tout rapport sexuel est proscrit en dehors du mariage ! Mes parents respectent la règle et s'arment de patience pendant une longue année.

Ma mère a dix-neuf ans et mon père vingt et un quand ils se disent oui devant le maire. Un discours est ensuite prononcé à la *Salle du Royaume*. Pas de riz lancé sur les mariés à leur sortie, pas de bouquet jeté en arrière. Ce sont des rites *païens* selon eux. On marque la différence. Puis une soirée est organisée dans une *salle* des fêtes avec la majorité des autres membres de la *congrégation*. Les membres *non TJ* de la famille sont un peu mis à part. Ils ne sont pas fréquentables, même un jour comme celui-ci. Tout, jusque dans les réjouissances, est contrôlé pour que rien ne déroge aux édits de la secte. Musique, vêtement, paroles, attitudes, danses. On ne peut pas se lâcher, il faut être irréprochable sous peine de réprimandes. Mes parents se cantonnent donc à ce qui est autorisé pour exprimer leur bonheur tout neuf.

Le mariage passé, mes parents emménagent dans un petit appartement proche de celui où vivait mon père. Deux ans après, maman est enceinte de mon grand frère, Frédéric. Et deux ans plus tard, c'est à mon tour de venir au monde. L'appartement est maintenant trop petit pour nous quatre. Mes parents quittent Lisieux pour Livarot, petite bourgade située à dix-huit kilomètres, dans un pavillon mitoyen du cimetière, le dernier de la rue des Myosotis. Il est construit sur une petite colline. Le garage est au niveau de la rue. Il y a un petit couloir sur sa gauche débouchant sur un escalier donnant accès au rez-de chaussée. Sur ce niveau, une *salle* à manger donnant sur la rue et de l'autre côté un salon et une petite cuisine donnant sur le jardin. A l'étage, une *salle* d'eau et deux chambres, une pour mes parents, l'autre pour mon frère et moi. Il y a un terrain avec de la pelouse et un petit potager. C'est là que j'ai mes premiers souvenirs d'enfant. Mes deux petites sœurs naîtront respectivement deux ans et quatre ans et demi après moi. Peu de temps avant l'arrivée de la petite dernière, Sonia, nous déménagerons dans un autre quartier pavillonnaire de l'autre côté de la ville, dans une maison un peu plus grande, rue des Lilas. On aime bien les fleurs à Livarot.

Nous avons été élevés, mon frère, Frédéric, mes deux sœurs, Magali et Sonia, et moi en *TJ*. Nos parents étaient persuadés qu'ils faisaient le bon choix et le sont encore aujourd'hui. Ils l'ont fait pour nous sauver la vie ! Ils relayaient aveuglément la doctrine et ont fait subir à leurs enfants l'influence qu'ils subissaient eux-mêmes. Ils ne se posaient plus aucune question. Ils obéissaient. Tout adepte qui s'écarterait un tant soit peu des préceptes de la *Watchtower* en matière d'instruction ou de tout autre sujet est montré du doigt. Mes parents avaient interdiction de se tourner vers les conseillers du *monde* ; psychologues, pédopsychiatres et autres. Seule devait compter la parole de *Jéhovah* répandue par son « *organisation* choisie » : les *TJ*. Si mes parents avaient dérogé à la règle, ils auraient été immédiatement accusés de négligence, catalogués comme « mauvais parents ». Si je m'étais éloigné du mouvement, j'aurais été condamné, perdu et ils en auraient été tenus pour responsables. Ne plus être *TJ*, c'est faire partie du *monde*, voué à la destruction selon eux. C'est la peur qui les a obligé à me former, à me formater comme la secte l'impose. La peur que je ne meure et celle de déclencher le courroux de Dieu qui les priverait, eux aussi, de la *vie éternelle* tant espérée.

Toute mon éducation est donc dictée par la secte. Avant même que je ne pousse mon premier cri ! Les *publications* de la *Watchtower* recommandent de commencer l'éducation du bébé avant la naissance ; préceptes fondés sur des études scientifiques affirmant que les fœtus perçoivent et enregistrent les intonations, des sons, des musiques, des mots. Ma mère me lit donc des *versets bibliques* et me chante des *cantiques*. Plus tôt je serais familiarisé avec le discours du mouvement, moins il y aura de risque que je ne m'en écarte dans l'avenir. Il ne faut donc pas perdre ce temps précieux et quoi que je puisse assimiler, il faut que ce soit de l'idéologie *TJ*. Ma mère, en toute bonne conscience, me parle déjà de *Jéhovah*, de son *royaume*, du *paradis* alors que je suis encore dans son ventre. Elle est persuadée que je serai ainsi mieux protégé par Dieu contre *le monde méchant* dans lequel je vais naître. *Jéhovah* est partout. Tout le temps. Avec tout le monde. Et pendant 22 ans, je n'aurai aucun répit.

Tout juste remise de l'accouchement, ma mère m'emmène dans un berceau aux *réunions* à la *Salle du Royaume*. C'est ainsi que les *TJ* nomment leur lieu de rassemblement et d'enseignement. Un volume simple, sans décoration particulière, sans signe, symbole ou marque visuelle, si ce n'est un texte biblique changé chaque année, inscrit en gros sur le mur derrière l'estrade. Il ne faut surtout pas qu'on puisse penser à une église ou tout autre lieu de culte « *païen* ». Tout y est fonctionnel et discret. À l'intérieur comme à l'extérieur. La majeure partie de l'espace est occupée par des sièges disposés face à une petite estrade de cinquante centimètres de haut environ. Au centre de cette tribune, un pupitre et un micro. C'est là que les orateurs font leur *prêche*. De part et d'autre, sont placés un micro sur pied d'un coté, servant aux lectures ou aux démonstrations de techniques de prosélytisme ; et de l'autre une table munie de micros et de deux chaises, réservée aux femmes ayant à faire des allocutions sous forme de dialogue. Au fond de la *salle* se trouvent la console de sonorisation gérant les micros et la musique et le stand de distribution des *publications* et de gestion des *territoires* de *prédication*, avec la boîte à offrandes. Il y a souvent un sas menant à l'entrée ; on y accède aux sanitaires, à la nursery, pièce prévue pour changer les nourrissons, et très souvent à une ou plusieurs petites salles annexes munies de sièges agencés en rangs, pupitres et tables, pour les *réunions* en plus petit comité.

Lorsque mes parents s'installent à Livarot, la ville ne compte qu'un petit groupe de *Témoins de Jéhovah*. C'est d'ailleurs officiellement pour soutenir la création et le développement de la *congrégation* que mes parents ont élu domicile dans cette ville ; mon père continue de faire l'aller et retour tous les jours pour travailler à Lisieux. À leur arrivée, la *Salle de réunion* n'est donc qu'un local exigu et sans chauffage, relégué dans un fond de cour avec les toilettes à l'extérieur. Les soirs d'hiver, ma mère m'accompagne aux lavabos avec une lampe torche. Plus tard, l'activité de la secte se développant et le nombre d'adeptes augmentant, les *Témoins* de Livarot investissent – moyennant un emprunt – dans un endroit beaucoup plus spacieux qu'ils aménagent pour leurs besoins.

C'est dans ces lieux que je passe les premières heures de mon existence. Bébé, j'assiste à toutes les *réunions* ! Au début, je ne comprends rien mais déjà mon cerveau enregistre les discours répétés à l'envie. Ma pensée est en train de se former sur la base de ces messages prosélytes entendus à longueur de temps. Et le système fonctionne à merveille ! Au fur et à mesure des *prêches*, je me révélerai un élève exemplaire.

À la maison, *Jéhovah* est également présent. Partout. Une Bibliothèque remplie de *publications* de la secte est mise en valeur dans le bureau de mon père. Les derniers numéros des revues *La Tour de Garde* et *Réveillez-vous !* traînent ici et là. Des enregistrements orchestrés des *cantiques* résonnent souvent dans les pièces, surtout lorsque des amis, *Témoins* eux aussi, nous rendent visite. Voudrais-je oublier *Jéhovah* deux minutes que je ne le pourrais pas ! D'autant qu'il n'y a pas que le décor qui me rappelle à son bon souvenir. Mes parents y vont également de leur contribution ! Mon père, devient vite *ancien*, c'est à dire dirigeant, dans la *congrégation* de Livarot. Il doit donc avoir une famille irréprochable pour conserver sa position. Comment pourrait-il être jugé digne de diriger la *congrégation* s'il n'en était pas capable avec sa famille ? En conséquence, l'excellence est exigée de nous, les enfants. Les injonctions et règles de la secte sont appliquées à la lettre. Rien ni personne n'y échappe.

Mon quotidien est submergé d'intrusions de la secte. Avec en première ligne, les prières. Elles ponctuent inlassablement les journées. Lors des repas où nul ne peut toucher à son assiette avant que mon père ait prononcé une prière à voix haute, sous peine d'être réprimandé à la seconde d'une tape sur la main. Dès que l'on étudie une *publication* de la secte, on doit avant tout faire une prière. A chaque *réunion* du groupe, plusieurs fois par *réunion*. Avant de s'endormir, avant le câlin et le bisou du soir. Dès que l'on a un souci. La prière devient un réflexe conditionné qui permet à la secte de garder son influence tout au long de la journée à des moments clés.

Nicolas, 25 ans, rescapé des Témoins de Jéhovah

Pour les *TJ*, qui se réclament chrétiens, tout est fait pour marquer la différence avec l'Église Catholique, autant sur les croyances de fond que sur les broutilles. La prière n'y échappe pas. Les catholiques récitent le « notre père » ; les *TJ* décrètent que les prières ne doivent pas être répétitives mais composées en fonction des circonstances. Mais dans les faits, elles tiennent en une base répétitive. Il convient d'écouter la prière en silence, tête baissée, yeux fermés et mains *jointes*. Depuis mes premiers balbutiements, j'entame, trois fois par jour, mon repas par une prière prononcée par mon père, ou par ma mère s'il n'est pas là. Cela donne à peu près ceci :

« Père céleste Jéhovah, c'est vers Toi que nous venons par la prière afin de Te remercier pour ce repas. Merci de prendre soin de notre famille et de nous permettre de manger à notre faim. Protège-nous toujours contre les attaques du Diable et les tromperies du Monde. Aide- nous à Te demeurer toujours fidèles en tout. Aide-nous à être avisés, droits et purs. Cette prière, père Jéhovah, si Tu veux bien l'accepter, c'est au nom et par l'entremise de Ton fils Jésus, notre Sauveur et Roi, que nous Te la remettons... Amen ! »

Chacun d'entre nous répond en écho un « *amen* » sonore. Pour moi, c'est une libération : Je peux enfin manger ! Des notions d'actualité y sont parfois ajoutées, en fonction des jours : « *Soutiens celle-ci qui a perdu son mari* », « *Aide ceux-là qui sont persécutés dans tel pays* » ... Selon les circonstances.

Lorsqu'il lui arrive de dire la prière, ma mère porte un châle sur ses cheveux. Je ne comprends pas pourquoi elle agit ainsi.

–Pourquoi tu te couvres les cheveux ?
–Parce que les femmes n'ont pas le droit d'enseigner ou de prononcer la prière devant des hommes. Si papa rentrait à ce moment là, ce serait comme si je prononçais la prière pour lui aussi, comme si je l'enseignais. Je me couvre donc la tête en signe d'humilité puisque la Bible dit que la femme doit être soumise à son mari.
–...

Pas logique ! Chaque fois qu'elle revêt le voile, je ressens un profond malaise et un sentiment d'injustice. Il n'y a aucune différence entre ses prières et celles de mon père. Pourquoi doit-elle s'humilier ? Pourquoi cette inégalité ? Ma mère n'est pourtant pas moins intelligente. Il y a quelque chose qui cloche. Mais je n'ai pas le droit de remettre LE système en question. J'interroge ma mère à deux reprises, peu convaincu par ses réponses plutôt vagues. Je veux des précisions que je n'obtiens pas. Ma mère, à bout d'arguments, finit par clore le débat.

–*C'est comme ça Nicolas ! Il n'y a pas à le discuter !*

Fin de non recevoir. Je n'aborde plus le sujet ; ce qui ne dissipe ni mon malaise ni mon incompréhension.

Ce rythme incessant et monotone de prières quotidiennes m'avait à tel point conditionné que lorsque, plus tard, il m'arrivait de déjeuner à la cantine ou chez un *non Témoin*, cas extrêmement rare, je me sentais dans l'obligation de faire une prière, même rapide, dans ma tête avant de manger. Les autres n'y voyaient que du feu. J'avais conscience du décalage que cela représentait, du ridicule aussi s'il m'avait fallu prier à voix haute, en fermant les yeux et en baissant la tête comme on le faisait à la maison. Mais c'était plus fort que moi. Je n'aurais pu manger sereinement sans prière. Rien dans mon attitude ne me trahissait, mais je « m'absentais » pendant ce court instant juste avant de manger. Je devais faire ma prière avant chaque repas ! Ce ne sont pas les seuls moments destinés à la prière. Le soir aussi, je ne pouvais pas dormir avant d'avoir fait ma prière. Petit, mon père venait la prononcer dans notre chambre. Assis dans mon lit, la tête contre mes mains, les yeux fermés, je l'écoutais redire à peu de chose près les mêmes mots entendus au cours des repas. Pourvu qu'il fasse court ! Le langage sectaire répété à un rythme régulier tout au long de la journée me faisait l'effet de piqûres de rappel. Ce rituel finit par me sembler normal et ne suscita plus la moindre question de ma part. Ce qui était, à l'origine, imposé par mes parents devint une routine que je m'infligeais à moi-même. Tout naturellement.

Dès tout petit, je goûte à une autre corvée du quotidien : l'étude du « *Texte du jour* ». Il s'agit d'un livret titré « *Examinons les Écritures chaque jour* » contenant 365 versets avec une petite explication pour chacun, façon *Témoin de Jéhovah*. Un verset par jour. Et tous les jours, avant la prière du repas de midi, je dois également attendre la fin de l'examen du fameux texte

avant de pouvoir manger. Un livret par personne. J'ai le mien marqué de mon prénom Lorsque je mets la table, je dépose le livret de chacun dans son assiette. Mon père appelle :
-Tout le monde à table, venez faire le *Texte du jour*.
Je m'assois et ouvre mon livret à la date du jour. Mon père lit le verset de base puis fait lire le commentaire à haute voix par l'un d'entre nous. Il pose ensuite des questions sur le contenu du commentaire, sorte d'interro pour vérifier que nous avons bien compris. Ceux qui souhaitent répondre lèvent la main. Au bout de trois ou quatre questions/réponses, l'examen est terminé. Mon père conclut sur la façon d'appliquer ce verset au cours de notre journée. L'idée est d'« *avoir constamment son esprit tourné vers les choses spirituelles* ». Encore une piqûre de rappel. Je ramasse les livrets, les range et mon père prononce la prière pour le repas.

Les activités dites spirituelles étaient prioritaires, il fallait que je l'intègre très vite. Tout y était systématiquement rapporté. Et la secte faisait preuve, comme aujourd'hui, d'une grande imagination pour occuper le terrain et le temps des adeptes et de leurs enfants.

Suivant ce principe, ma mère m'apprend à lire avant même que j'entre en maternelle ... sur un manuel édité par les *Témoins de Jéhovah* : « *Appliquez-vous à la lecture et à l'écriture* ». Le principe de l'ouvrage est d'associer des images à des mots. En même temps qu'arbre, chien, chaise je découvre les mots... Jésus, Dieu, *Armageddon*, Bible. Une deuxième partie de la méthode traite de la construction grammaticale et syntaxique. J'apprends donc à lire des phrases complètes : « *Le nom du père est Jéhovah* », « *Un proclamateur a de l'amour* », « *L'amour pour Jéhovah et pour les hommes le pousse à prêcher* ». Elles sont tirées de l'ouvrage. Et en même temps que je m'initie à la lecture, j'intègre insidieusement l'idéologie de la secte.
En attendant de suivre mon frère à l'école, je trompe l'ennui en lisant tout ce qui me tombe sous la main. Et ce qu'il y avait en plus grande quantité à la maison, c'était les *publications* de la secte. Je passe donc des heures à parcourir les « *Volumes Reliés* » de *La Tour de Garde* et *Réveillez-vous !* Ce sont des encyclopédies regroupant les vingt-quatre numéros de ces revues parus sur une année. Mes parents les commandent tous les ans. J'ai donc à ma disposition un rayonnage impressionnant de livres.

Ma famille Témoin

En revanche, il y a peu de choix dans les sujets. *Jéhovah* partout et encore.
Vivement mon entrée à l'école ! Et ce jour espéré arrive enfin.

Nicolas, 25 ans, rescapé des Témoins de Jéhovah

CHAPITRE 2
Pas plus grand qu'un Schtroumpf!

J'ai trois ans et demi. J'entre en maternelle. Enfin ! La première journée d'école de ma vie. Je me suis imaginé mille choses en écoutant mon frère raconter ses journées. Je suis à la fois excité et effrayé. Avant de m'y laisser, mes parents m'ont mis en garde.

L'école est dangereuse !

Ils m'ont fait moult recommandations. Le mot d'ordre est : prudence ! Il ne s'agit pas de ne pas suivre un inconnu qui m'aborde. Non ! Là je dois me méfier de... tout le monde. Les *TJ* sont en guerre froide avec le reste de l'humanité. Le message, dont j'avais pris connaissance grâce aux écrits de la *Watchtower*, était simple. Les *TJ* sont le peuple de Dieu, protégé par lui. Ils ne sont du reste pas les seuls à le prétendre. Hors du groupe, c'est *le monde*, jugé comme tout entier sous l'influence de Satan. Un monde peuplé de gens méchants, dangereux, vicieux dont l'unique but est de détourner les gentils *TJ* du droit chemin. C'est ce qu'on m'a appris. C'est ce que je crois. A trois ans, je vois déjà dans toute personne du *monde* le bras armé de Satan, son outil pour m'approcher et me faire chuter. Maintenir une distance avec mes semblables me semble légitime, vital même. Pour boucler le cercle vicieux, toute personne *non Témoin* qui manifesterai de bonnes intentions, de la gentillesse, de l'honnêteté, etc., qui ne montrerai en somme aucun signe de la méchanceté qui incarne soi-disant *le monde*, sera comparée à Satan qui se déguise constamment en *ange de lumière*. Je suis sur la défensive dès qu'un *non TJ* est gentil avec moi. Je vois mes camarades et mes profs comme des suppôts du Diable. Je suis censé être gentil avec tout le monde pour donner une bonne image des *TJ*, mais je n'ai pas le droit de me faire de copains. « *Les mauvaises fréquentations ruinent les bonnes habitudes* », me scande-t-on.. Je finis par voir Satan et ses démons partout, tapis près de moi, guettant le moindre faux-pas. Je suis parfois persuadé de les voir, de sentir leur présence dans ma chambre ou derrière la fenêtre. J'ai peur du noir. Je suis effrayé, mais pas comme les autres enfants. Moi, je suis certain que Satan ou un de ses démons est dissimulé sous mon lit ou qu'il circule tout autour. Tout tremblant, caché sous ma couverture, je voudrais crier, appeler à l'aide, mais je ne peux que prier *Jéhovah* pour qu'il les chasse.

Comme tous les enfants, j'ai peur du monstre sous le lit, mais pour moi il a un nom ; il s'appelle Satan. Et je sais à quoi il ressemble. La littérature sectaire regorge de descriptions et d'illustrations des armées sataniques : dragons à plusieurs têtes cornues, grenouilles griffues aux yeux rouges... Et la vision de ces bêtes affreuses n'est pas ce qu'il y a de pire. Le plus terrifiant pour moi, c'est que Satan et ses démons sont censés être des esprits invisibles qui peuvent agir sur nous. *Jéhovah* les aurait privé de certains de leurs pouvoirs (comme prendre une apparence physique) et les aurait bannis du ciel. Pour les punir, il les aurait précipité sur terre en 1914. Aucun mur ne peut les arrêter, je ne suis donc à l'abri nulle part. Et ils sont censés être plus acharnés que jamais à persécuter les bons *Témoins de Jéhovah*, sachant qu'ils vont bientôt disparaître lors d'*Armageddon*. La nuit, dans l'obscurité, j'ai le sentiment qu'ils sont dans leur élément et qu'ils m'entourent. Je fixe, jusqu'à l'épuisement, la veilleuse branchée à la prise murale, seul barrage aux attaques démoniaques. Je me cache tout tremblant sous ma couverture car, pendant un bref instant, j'ai cru voir une ombre transparente occulter la lumière. Certaines nuits, je cours en pleurant dans la chambre de mes parents, terrorisé par un bruit ou une silhouette. Satan me guette. J'en suis certain. Même dans le lit parental, je ne me sens pas en sécurité. Dès qu'ils sont endormis, j'ai l'impression de voir des démons voler au-dessus. Je n'ose pas les réveiller mais j'aimerais tant qu'ils ouvrent un œil et surtout qu'ils allument la lumière !

Pas plus grand qu'un Schtroumpf !

Des rumeurs circulaient aussi dans les *congrégations* donnant lieu à de véritables psychoses collectives. L'une d'elles notamment a fait beaucoup de bruit. Un tout jeune *Témoin* aurait vu, une nuit, ses figurines des Schtroumpfs s'animer et danser. Nul doute, c'était là une manifestation démoniaque. La mère de l'enfant mit alors toutes les figurines de la chambre de son fils à la poubelle. Maman, comme toutes les autres mères de la secte, nous interdit alors tout contact avec les Schtroumpfs. Interdiction également de regarder la série animée à la télévision, interdiction de posséder un livre avec une illustration des petits hommes bleus, interdiction évidemment de collectionner les figurines offertes dans le paquet de lessive que ma mère achetait. Elle fouillait en priorité le carton pour débarrasser au plus vite la maison des petits agents infiltrés du malin. C'était le boycott général. Tout ça parce que le cauchemar d'un petit garçon avait été monté en épingle par une mère en proie à la psychose. Par mesure de prudence, la mienne refusait de voir la moindre figurine à la maison. Si les Schtroumpfs avaient pu être possédés, d'autres statuettes pouvaient l'être aussi. Prudence est mère de sûreté.

Mais j'ai 3 ans et demi et c'est la mode des figurines à l'école ! Je n'ai pas le droit de jouer comme les autres. J'ai le malheur un soir d'en rapporter une de l'école, prêtée par un camarade. Tout content je joue avec dans ma chambre mais Frédéric me voit.

–Je vais le dire aux parents. On n'a pas le droit de jouer avec ça.

Il ne m'aurait pas dénoncé si j'avais accepté de la lui prêter. Petite vengeance. Mon père rapplique aussitôt.

–Donne-moi ça ! Ça va tout de suite à la poubelle !
–Mais c'est pas la mienne. C'est un copain qui me l'a prêté.
–Tu lui rendras demain. Jusque là je la confisque. Je ne veux plus que tu ramènes ce genre d'horreurs à la maison. Tu es privé de télé pour ce soir.

Derrière mon père, maman me regarde l'air dépité. Je la déçois. Je passe la soirée, l'oreille contre le mur à écouter le film que la famille regarde sans moi.

Nicolas, 25 ans, rescapé des Témoins de Jéhovah

Je finis par être persuadé, à mon tour, que c'est pour mon bien et la psychose me gagna aussi. Satan cherche sans doute à atteindre les plus vulnérables, les enfants, par des moyens inimaginables aux parents. Je finis donc par ne plus avoir envie de m'amuser avec les figurines de mes copains ; j'en avais même peur. Je ne voulais plus les toucher. Je craignais d'être contaminé par l'esprit du *monde* en les tenant dans la main. Et comme tous mes camarades en avaient à l'école, j'étais convaincu d'être entouré de représentants du démon toute la journée. Ma vision du monde en maternelle.

A l'époque, j'appris d'autres notions tout aussi effrayantes et qui me marquèrent profondément : *Armageddon* en tête ! « *La fin du monde méchant* », « *le grand jour de la colère de Dieu* », « *la guerre de Jéhovah* », autant de synonymes peu engageants que j'entendais à longueur de semaines et de lectures. Toutes ces expressions désignent un jour, soi-disant très proche, où Dieu va détruire *le monde méchant*, ceux qui ne sont pas *TJ*, et transformera la Terre en *paradis* dans lequel les survivants de l'Apocalypse auront leur place. On me répétait sans cesse que je devais être sage devant *Jéhovah* parce qu'*Armageddon* pouvait survenir le lendemain, personne ne connaissant la date. Et même les *TJ* ne sont pas certains de survivre. Ils sont surveillés et jugés en permanence par ce Dieu *Jéhovah*. Ils doivent être sans reproche et des *Témoins de Jéhovah* plus qu'actifs pour pouvoir entrer dans le *paradis*. Je me couchais donc tous les soirs avec la peur au ventre de ne pas voir le lendemain, d'être détruit pendant mon sommeil. J'avais peur de mourir à *Armageddon* à la moindre bêtise, puisque *Jéhovah* voit tout, même dans les cœurs et dans les esprits. Il sait donc si je mens ou si je commets une faute. Et si je ne suis pas parfaitement sage, je ne survivrai pas à *Armageddon* et je ne verrai pas le *paradis*. Je me sentais épié, surveillé et en faisais des cauchemars.

De fait, je ne tisse aucun lien d'amitié à l'école mais tente de nouer des amitiés dans la *congrégation* comme cela m'est imposé. Mais celle de Livarot n'est pas riche de familles et il y a très peu d'enfants. À part mon frère et moi, il n'y a qu'un seul autre garçon de notre âge. J'ai au moins la chance d'avoir mon frère pour m'amuser. L'autre garçon, lui, n'a que des sœurs, beaucoup plus âgées que lui. Il cherche à se joindre à nous, mais ni moi, ni mon frère ne l'apprécions. Nous le rejetons tout le temps. Mon frère est mon seul ami, mon unique confident. Nous dormons dans la même chambre, nous partageons nos jouets, nos livres, nos secrets, nos bêtises. Tout ce qu'il fait, je le fais aussi. Tout ce qu'il apprend, je l'apprends, ce qu'il dit je le répète. Dès qu'il est impliqué d'une façon ou d'une autre dans les activités de la secte, je m'implique aussitôt dans les mêmes.

À trois ans et demi, je ne comprends pas tout ce que le mouvement me demande d'assimiler, je ne suis pas capable de l'expliquer mais je suis capable de le répéter. Aussi, dès qu'un anniversaire est célébré en classe, je refuse de manger du gâteau et d'entonner « Joyeux Anniversaire », à la grande incompréhension de mes camarades et professeurs.

–*Je n'ai pas le droit. Je suis Témoin de Jéhovah !*

Je l'ai dit. Je me suis donc mis à part. Je me souvenais à ce moment des démonstrations à la *Salle du Royaume* donnant les arguments que les enfants doivent redire au professeur si une fête est célébrée en classe.

« *Dites leur que vous êtes Témoins de Jéhovah et que vos convictions ne vous permettent pas de célébrer ces fêtes que vous savez païennes. Dites leur également que, pour ne pas les mettre dans l'embarras, ils peuvent vous confier une activité et vous ne dérangerez pas les autres.* »

Et c'est ce que je viens de faire. Je me sens vide. J'ai envie de pleurer. Je vois mes camarades s'amuser, rire, manger du gâteau qui semble si bon, et je suis obligé de me mettre à l'écart. Le pire, c'est que je ne peux pas me plaindre. J'en ai fait moi-même la demande. La maîtresse vient quand même m'apporter une part de gâteau.

–*Je n'ai pas le droit !*
–*Tes parents n'en sauront rien.*

Je secoue la tête. Et derrière sa gentille proposition, moi, je vois le Diable cherchant à m'attraper. *Jéhovah* me surveille et il faut que je résiste à la tentation. Evidemment, une fois le goûter terminé, les autres enfants viennent me voir, tout curieux.

–Pourquoi tu fêtes pas ton anniversaire ?
–Parce que c'est une fête païenne.
–Et alors. ?
–Je suis TJ et que les vrais chrétiens ne doivent pas participer à ces célébrations.
–Pourquoi ?
–Si vos parents ont des questions, mes parents peuvent leur rendre visite.

J'avais déjà des réflexes de *prêcheur*. Le prosélyte en herbe que la secte avait façonné prenait le contrôle et je profitais de leurs questions innocentes pour tenter de les convertir. C'est ce qu'on m'avait également mis dans le crâne à la *Salle du Royaume*. Approcher les parents par les enfants.
Le même schéma se reproduisait pour la préparation du Sapin de Noël, la soirée de Noël, Mardis gras, la confection des cadeaux des fêtes des pères et des mères, Pâques, la chandeleur, les galettes des rois. Je connaissais le même sentiment de frustration, de tristesse. Mais, très vite, face aux questions, le prosélytisme revenait au galop. Le fait même de manger un œuf de pâque, un lapin en chocolat, une galette des rois, une bûche de Noël, même en dehors des circonstances de la fête, est interdit. Cette séparation forcée d'avec les autres, ces censures dictées par la secte et relayées par les parents me pesaient et rendirent amers nombre de moments de cette première année de classe qui auraient dû être agréables et joyeux. Mais qu'importe puisque j'aurai la *vie éternelle* dans le *paradis*. C'est un petit sacrifice consenti pour avoir droit à l'avenir tant espéré !

Décembre 1986, j'ai 4 ans. Au moment des fêtes, juste avant les vacances, l'école organise une distribution de présents. Je n'ai évidemment pas le droit d'y participer. Pour m'occuper, on m'a donné un coloriage, des feutres et relégué au fond de la salle, comme d'habitude. Je regarde dans mon coin les autres déballer leurs cadeaux et jouer avec. Je ravale mes larmes. J'étouffe des sanglots et des hoquets. Je ne dois pas montrer que j'ai de la peine mais les larmes finissent par couler. La maîtresse s'en aperçoit et accourt pour me consoler.

Pas plus grand qu'un Schtroumpf !

-Pourquoi tu pleures Nicolas ?

Je ne lui dis rien. Ma détresse était intérieure. Je ne comprenais pas pourquoi je devais me mettre à part. Mes camarades ne faisaient que s'amuser. Qu'est-ce que ça avait de si grave ? Mais tout ça, je ne pouvais pas le lui confier, je n'avais même pas le droit de le penser. Pour me calmer, elle va chercher un petit livre et me le donne.

-Tu vois, il n'est pas emballé, ce n'est donc pas un cadeau de Noël, c'est juste un petit livre comme ça, pour le plaisir.

Je l'accepte, non sans hésitation. C'est l'histoire d'un petit sapin qui grandit en affrontant les intempéries pour devenir un beau et grand sapin qui, à la dernière page, finit tout décoré dans un salon. Lorsque je vois la dernière image, je sais que je ne serai jamais autorisé à le garder. Il parle de Noël. Je le cache donc dans mon manteau. Lorsque ma mère vient me chercher, la maîtresse lui parle de ma crise de larmes et de ce qui l'a provoqué. Ma mère me réprimande du regard en fronçant les sourcils. Je n'aurais pas dû pleurer. Je suis tétanisé. Puis, l'institutrice lui raconte comment elle m'a calmé. La main de ma mère se raidit dans la mienne. Nous repartons et marchons en silence. Je serre mon petit livre dans ma poche. Le silence est lourd. Je garde les yeux rivés sur mes pieds. Et ce que je redoute arrive.

-Montre-moi ce livre.

Je le lui tends ; elle le feuillette. Pourvu qu'elle ne voie pas la dernière page ! Mais, évidemment, je ne suis pas exaucé. Le sapin de Noël, en pleine page, entouré d'une famille souriante, des cadeaux au sol : vision insupportable pour ma mère.

-Comment as-tu pu accepter une horreur pareille ? Tu sais ce que Jéhovah pense de ce genre de célébrations. Crois-tu qu'il aime voir ses serviteurs lire ce genre de choses ? Tu me fais beaucoup de peine et à Jéhovah aussi.

Je suis décomposé. De retour à la maison, papa est rapidement instruit de la situation. Je suis convoqué dans la cuisine. Papa

Nicolas, 25 ans, rescapé des Témoins de Jéhovah

a le livre à la main. Il me le donne et je suis forcé de le jeter à la poubelle moi-même devant mes parents.

-Va dans ta chambre ! Et tu n'en sors pas jusqu'au repas !
Pendant le dîner, je prétends aller aux toilettes mais file en douce dans la cuisine reprendre le livre dans la poubelle. Je l'essuie et le mets sous mon T-shirt. C'est mon cadeau. Je veux le garder. Pendant le reste du repas, le livre me brûle le ventre tant j'ai peur que mes parents découvrent le pot aux roses ! Et *Jéhovah* ? Il voit tout. Il m'a sûrement vu. J'ai l'impression que ses immenses yeux en colère me regardent. Si *Armageddon* arrive cette nuit : je vais mourir, c'est sûr. Cette idée me terrorise. Je ne parle pas du repas et rougis à la moindre question de mes parents.
Une fois isolé dans ma chambre, je vide le bac à jouets, place le livre en dessous d'autres et recouvre le tout avec les autres jouets. Ouf. Caché ! Je suis épuisé par toute cette tension. Et je ne savais pas encore alors à quel point ce genre de situations, toujours douloureuses, se reproduiraient souvent. Pendant les jours suivants, je changeais régulièrement mon trésor de place. Cherchant la cachette parfaite où personne ne pourrais le retrouver. J'avais peur d'être découvert, peur qu'on ne me reprenne mon cadeau. Pourtant je le mis à la poubelle deux ans plus tard, culpabilisé par un discours à la *Salle du Royaume* sur les mensonges cachés qui font de la peine à *Jéhovah*.

Un autre jour de la même année, à l'école, la maîtresse organise l'anniversaire de l'un de mes camarades. Attristée de me voir toujours mis à part, elle me cache que c'en est un.
-C'est juste un goûter. Pour le plaisir !
Tout content de pouvoir enfin participer à un événement joyeux en présence des autres, je m'amuse comme un petit fou et dévore ma part de gâteau. Mais je m'étouffe presque quand toute la classe entonne « Joyeux Anniversaire ». J'ai envie de vomir. Je hurle en pleurant.

-Qu'est-ce qui se passe Nicolas ?
-A cause de toi je vais mourir à Armageddon !

C'était comme si j'avais pris du poison. J'étais paniqué et ne parvenais pas à retrouver mon calme. Elle fait appeler ma mère qui s'offusque.

*–Il vous a dit ne pas pouvoir participer à ce genre fête. Nous en avions déjà parlé ensemble d'ailleurs. Ne le forcez plus jamais !
–Mais ce n'est qu'un enfant ! Il n'y a rien de mal à manger un gâteau avec ses petits camarades.
–La réaction de mon fils en dit long sur ses croyances et ses choix. Vous l'avez trompé, vous êtes responsable de son état !*

Le monde méchant avait encore frappé et désormais je considérerais tous mes professeurs comme une incarnation de Satan me poussant à la faute. Je n'aurai plus jamais confiance. Et ce ne sont pas mes parents qui m'en dissuadèrent. Quant aux *Témoins de Jéhovah*, ils m'y encouragèrent.

Ma différence commençait à me peser car je ne pouvais participer, même au sein de ma famille, à aucune des fêtes organisées. Et c'était douloureux. Jusqu'à présent cela ne me posait pas de problème car je n'étais en contact avec personne d'autre que mes parents et leurs amis de la *congrégation*. Dorénavant, je pouvais comparer mon mode de vie à celui des autres. Et je remarquais que notre séparation d'avec *le monde* consistait essentiellement à ne pas partager de moments agréables avec eux.
Comme tous les jeunes membres de la secte, je suis parfaitement préparé à accepter et à justifier ce qui m'est imposé comme étant un choix personnel. Même si je n'ai qu'une envie, c'est de faire comme mes camarades.
Mardi Gras. J'ai 4 ans. Je suis à la maison. J'entends du bruit dehors. Je me précipite à la fenêtre. Le nez collé à la vitre, je regarde mes camarades déguisés, défiler au coin de la rue. Des jours qu'ils parlaient tous de leurs costumes. Et moi, je n'avais rien à dire si ce n'est « *J'ai pas le droit de me déguiser, c'est une fête païenne. Je resterai à la maison.* » Je m'imagine les extraordinaires costumes que j'aurai pu porter... si j'avais eu une famille normale.
Noël et le Jour de l'An. Comme d'habitude, à 20h00 au lit. Rien ne change chez nous. C'est un jour comme un autre. Mais je ne ferme pas l'œil. Notre pavillon à un mur en commun avec celui des voisins. Il résonne des rires de la fête. Comme j'aimerai traverser le mur.
Retour des vacances de Noël. Tous mes copains exhibent leurs cadeaux à l'école. Moi je n'ai rien. A part le discours habituel :

Nicolas, 25 ans, rescapé des Témoins de Jéhovah

« *C'est une fête païenne. On ne fête pas noël chez nous !* » Chaque année, le calvaire recommençait à dates régulières. Je finissais par appréhender ces périodes. J'encaissais. Jamais je n'ai confié ces douleurs à mes parents. Comme ils auraient été déçus de moi et honteux ! Par amour et reconnaissance envers *Jéhovah*, il fallait en être fier. Alors je feignais la fierté, surtout devant mes camarades. Cette auto persuasion m'était nécessaire. Sinon je n'aurais pas tenu bien longtemps le masque. Et j'avais besoin, pour survivre, de conserver ce bouclier face à mes parents et à la *congrégation*.

Quand mes parents me serinaient que l'école est le lieu de tous les dangers, j'étais loin de me douter à quel point ! Mon entrée en maternelle me permet de n'être plus sous la surveillance permanente de mes parents ; une carte d'« *instructions médicales* », éditée par les *TJ*, mise en évidence dans mon cartable ou dans mon blouson, va veiller sur ma petite personne. En cas d'accident, les secours trouveront cette carte que je dois avoir tout le temps sur moi. Elle stipule qu'en vertu de l'appartenance de mes parents au mouvement des *Témoins de Jéhovah*, on ne doit pas me faire de transfusion sanguine, même en cas d'urgence. Même si je suis en danger de mort. Ce sont mes parents, ou les personnes mentionnées sur ma carte, les seuls habilités à prendre de telles décisions. Cette carte était renouvelée en début de chaque année civile pour qu'elle soit toujours valide.

La nouvelle carte était remise à l'occasion de la lecture, début janvier, d'une lettre du *Béthel*, le siège national de la secte, relative à la question du sang et aux dispositions à prendre en cas d'intervention chirurgicale. Cette lecture est toujours prévue pendant la *réunion de service* du mardi. Elle mentionne, point par point, toutes les précautions à prendre, notamment avec l'école, pour que les enfants ne risquent pas de se faire transfuser en cas d'accident. Exemples de lettres, discours à tenir, articles de loi à utiliser, argumentaires : tout est prévu pour que les adeptes soient « *bien armés* » en termes juridiques et rhétoriques pour justifier de leur comportement suicidaire. Il est recommandé d'apprendre par cœur les arguments à utiliser pour justifier le refus de sang. Chaque *ancien* de la *congrégation* possède une liste des adeptes qu'il a à sa charge et coche celle-ci dès qu'il a la preuve matérielle que l'adepte *baptisé* a bien rempli son attestation de refus de sang. Aux parents, il incombe de remplir la carte spécialement éditée à l'usage des enfants. Si un membre s'y oppose, il sera régulièrement sollicité par les *anciens*. S'il persiste, il recevra une visite pastorale. Si elle s'avère inefficace pour le faire « rentrer dans le droit chemin », il passera devant un *comité judiciaire* de trois *anciens* et sera *exclu*.

Les enfants ne sont pas oubliés. On leur cite les exemples, que ce soit dans cette lettre du *Béthel* ou dans les *publications*, d'enfants *TJ* qui ont refusé d'eux-mêmes les transfusions. Certains y ont laissé la vie. Ces petits morts prématurés, victimes de l'inconscience et de l'embrigadement de leurs parents, sont élevés au rang de modèles à suivre. Il suffit de lire le *Réveillez-vous !* du 22 mai 1994 titré « *Des jeunes qui donnent la priorité à Dieu* ». La couverture montre les photos de vingt-six petits morts pour avoir refusé une transfusion de sang. Ces enfants sont glorifiés, considérés comme des martyrs. Je n'ai que 4 ans quand je me mets à rêver d'être un jour confronté à une telle situation. Je refuserai, bien sûr, que l'on m'administre du sang pour me sauver la vie. Je mourrai sans doute. Mais je serai cité dans *La Tour de Garde* comme un fidèle, un irréductible... un exemple. Quelle fierté ! Quelle preuve de maturité je donnerai à ma famille ! En plus, ce serait un aller simple pour le *paradis* promis et la *vie éternelle* sans avoir à subir *Armageddon*.

Pour moi cette *réunion* était comme une fête. Comme si je recevais mon nouveau masque à gaz dans un pays menacé d'attaque chimique. Ma nouvelle carte d'instructions médicales, toute lisse et neuve était comme un cadeau dont il faut prendre soin. D'un format carte de visite, elle stipule, au recto, que mes parents sont *Témoins de Jéhovah* et que nos croyances nous interdisent la consommation de sang même par voix veineuse. Au verso, la marche à suivre et les personnes signataires de la carte à contacter en priorité. A 4 ans je lorgne avec envie sur les cartes des membres *baptisés*. Elles sont bien plus grandes. Elles ont le format d'un permis de conduire. Pour lui donner forme il y a un pliage à faire. C'est ça qui m'attire. J'aimerai être *baptisé* pour avoir ma carte à plier. Une fois pliée, on aperçoit un gros logo rouge, une poche de transfusion sanguine dans un panneau d'interdiction et en dessous, en rouge également et en gros caractères : « *Pas de Sang !* ». J'exhibe avec fierté ma petite carte devant mes camarades de maternelle. Ils n'en n'ont pas de comme ça ! Je suis spécial. Personne ne pourra m'injecter de sang dans le corps. Les méchants médecins transfuseurs à tout prix seront bien embêtés quand ils trouveront cette carte qui me protège. Mes camarades n'ont pas cette chance. S'ils ont un accident, ils se feront sûrement transfuser. Les pauvres ! Ils n'avaient qu'à avoir des parents *Témoins de Jéhovah*. Moi, j'irai au *paradis*.

A 5 ans, je commence progressivement à comprendre ce qui se dit à la *Salle du Royaume*. Je constate aussi un changement d'attitude à mon égard de la part des membres de la *congrégation* lors des rassemblements du groupe. Finis les enfantillages, les jeux, jusqu'ici tolérés à la *Salle du Royaume*. Mon enfance s'est terminée à cet âge. Dorénavant, je suis considéré responsable et je dois adopter des comportements imposés sous peine de réprimande ou de correction. Les *réunions* deviennent dès lors un moment pesant entre tous.

Le rituel est d'abord instauré à la maison, puisqu'il faut s'habiller de façon particulière pour se rendre à la *Salle du Royaume* : costume/cravate pour les garçons, jupe ou robe pour les filles. Une heure et demie avant les *réunions*, je dois donc arrêter toutes mes activités et me changer. Mon père fait le tour des chambres en nous pressant de nous préparer. Je déteste me mettre en costume, d'autant que la corvée revient quatre fois par semaine. Je dois également préparer ma sacoche pour la secte comme mon cartable pour l'école. Dans celle-ci, je mets ma Bible, mon recueil de *cantiques*, mon livre pour « *l'étude de livre* » du jeudi, mon *ministère du Royaume* pour celle du mardi ou encore ma *Tour de Garde* pour la session du dimanche. Même si je suis fatigué par ma journée d'école, on ne me fait pas grâce des *réunions* du mardi et du jeudi soir. Elles commencent à 19 h 30 et se terminent, le mardi, à 21 h 15 et le jeudi à 20 h 30. La secte invitant ses membres à profiter de la présence de leurs frères et sœurs pour passer davantage de temps ensemble, nous arrivons souvent dix minutes avant le début de la cession et repartons entre vingt et quarante minutes après la fin. S'éclipser à peine la *réunion* terminée n'est pas bien vu. Cette attitude montre soi-disant un signe de faiblesse spirituelle. C'est surtout un bon moyen de faire passer plus de temps encore aux adeptes entre eux. Lorsque mon père devint *ancien*,

il avait souvent des *réunions* avec ses homologues après les cessions. Elles duraient parfois une heure. Pendant ce temps nous attendions dans la *Salle* et rentrions très tard. Parfois à 22 h. Inutile de préciser que je m'écroulais, de retour à la maison, sans demander mon reste.
Le week-end est calqué sur le même rythme ; nous allons en *prédication* de porte en porte le samedi matin dès 9 h 30 et le dimanche matin à 10 h une *réunion* est prévue. A cinq ans donc, je me lève donc tous les jours de la semaine à 7 h 30. Je ne goûte au plaisir de la grasse matinée que pendant les vacances scolaires. Et pas question de veiller tard le vendredi et le samedi soir. Il faut être en forme pour la *réunion* ou la *prédication* du lendemain matin. Il est inconcevable de rater une seule *réunion* pour un *TJ*, elles priment sur tout. Le seul moyen d'échapper à ces corvées est de tomber malade. Mais pour cela, il faut avoir de la fièvre, une douleur aiguë ou encore une maladie contagieuse. Dieu merci, il n'y a pas de pièce hermétique dans la *congrégation* et en cas de doute, mes parents refusent de prendre le risque de contaminer nos *frères et sœurs*.

« *Dieu qui fait ces dons dit : use du bâton !* » J'ai encore 5 ans. Comme les autres, grands et petits, je chante à tue-tête cette strophe d'un des *cantiques* de la secte qui désigne le « *bâton de la discipline* », la punition physique. Aussi désagréable et douloureux que cela puisse être, c'est tout à fait normal. Ni mes parents ni moi ne discutons le bien-fondé de la fessée, reçue par moi de bonne grâce et donnée par mes parents sans mauvaise conscience car encouragée par la secte. Ce châtiment m'est réservé lorsque plusieurs heures de présence à une *réunion* ont eu raison de ma patience. J'ai cinq ans, et alors ? Je dois rester assis sur une chaise sans bouger et écouter une voix monocorde et lointaine. Un homme en costume sombre parle sur l'estrade et, captivé ou pas, je ne dois pas broncher. Comme tous les gamins du monde, j'avais envie de courir, de m'amuser, mais c'est interdit. Deux heures de silence et d'immobilité lorsqu'il s'agissait d'une *réunion* classique, ce n'était pas toujours facile. Observer la même attitude près de six heures d'affilée lorsqu'il s'agissait des trois grandes *assemblées* annuelles, cela relevait de l'exploit. Mais, pour *Jéhovah*...

Alors j'essaie de trouver des sujets d'intérêt. Je me fais une cabane dans mon manteau en m'en couvrant la tête. Le son

Nicolas, 25 ans, rescapé des Témoins de Jéhovah

du discours monotone y est étouffé et je ne vois plus ni le décor nu, ni les dos immobiles des autres assistants. Il y a des tas de choses à faire la tête sous un blouson. Je regarde, par la manche, le petit monde qu'elle me laisse entrevoir. Et justement j'y entrevois l'œil en colère de mon père. Le petit monde s'écroule et la cabane disparaît. Mon père supprime mon blouson.

–*Sois sage ! Suis !*

Mais comment « *être sage* » quand on a des fourmis dans les jambes ? Il doit bien y avoir un autre moyen de me distraire ! Mon siège ressemble à ceux que l'on trouve dans les cinémas, avec une assise à bascule qui remonte par un ressort. Je m'appuie sur les accoudoirs pour alléger mon poids, le ressort fait le reste et le siège se rabat dans un couinement terrible. Assis sur le bord de l'assise verticale, j'ai l'air d'un grand et mon visage est à la hauteur de celui de mon père. J'ai un sourire fier. Pas pour longtemps. La main paternelle vient de m'agripper par l'épaule et j'amorce une descente forcée. Nouveau couinement du siège. Je pouffe, mais le regard désapprobateur des autres assistants retournés me gâche le plaisir. Je reçois une tape de mon père sur la cuisse. Sourcils froncés. Index sur la bouche. Le message est clair. Il est honteux et en colère que je me fasse remarquer. De quoi la famille Jacquette a-t-elle l'air ? En plus, je distrais les autres adeptes et c'est inacceptable.

Après de nouveaux avertissements et menaces de punition, je n'ai toujours pas obtempéré. Mon père me fait sortir de la *salle*. Il y a toujours une pièce dont on peut fermer la porte ou un sas d'entrée dans les *Salles du Royaume*. C'est là que mon père me conduisait fermement quand je n'étais « *pas sage* ». Le bruit de la fessée et des pleurs auraient pu gêner le cours de la *réunion*. Parfois, je criais, je pleurais, j'implorais par anticipation. Mais ça ne marchait pas. J'avais beau me tortiller comme un ver pour éviter la main, elle finissait toujours par m'atteindre.

–*Tiens-toi tranquille ! Écoute ! Et ne dérange pas les autres assistants ! Tu fais de la peine à Jéhovah ; tu n'es pas sage dans sa maison !*

La douleur était supportable. Pas la honte ! Quand un enfant est traîné à l'arrière de la *salle*, on sait ce que cela signifie. Il me fallait revenir, tiré à bout de bras par mon père, sous les regards des autres, satisfaits : Justice est faite ! Pour éviter que pareille humiliation ne se renouvelle, j'apprends vite à taire mes envies, mes réflexes d'enfant, à me mettre entre parenthèses le temps que durent les *réunions*. Pour éviter à mes parents « *la déception* », « *la honte* » et le « *déshonneur d'être mal jugés par les autres* » par ma faute. Je m'applique à être un « *enfant sage* ».

L'autre moment pénible de la *réunion* est la prière. Il y en a une au début et une à la fin de la session. Tout le monde doit l'écouter debout, tête baissée, yeux fermés, mains jointes devant la ceinture. Je ne parviens pas à garder les yeux fermés tout le long de la prière, surtout lorsqu'elle se prolonge. Si j'ai le malheur de relever la tête, une tape ferme me fait courber les épaules. Je fixe mes pieds. Je piaffe d'impatience. Mais même une fois la *réunion* terminée, je n'ai pas le droit de courir. On est dans la maison de *Jéhovah* et on n'y joue pas. Mes parents y veillent et d'autres adeptes se considèrent tout aussi légitimes pour me réprimander. Dès notre retour à la maison, je me débarrasse de mon costume comme on quitte un déguisement. Chaque fois que je l'endossais, je changeais de visage. Je n'étais plus un enfant, j'étais un adepte responsable de son comportement, responsable de l'image qu'il donne de la *congrégation*. Je ne pouvais plus le voir cet accoutrement ! Il représentait tant de contraintes, de frustrations et de privations au quotidien. L'arracher frénétiquement était une délivrance jusqu'à la *réunion* suivante.

Nicolas, 25 ans, rescapé des Témoins de Jéhovah

CHAPITRE 3
Mamie n'est plus dans *la Vérité*

J'ai cinq ans. Je suis seul à la maison avec maman. Quand la sonnerie du téléphone retentit, je ne sais pourquoi je me dirige vers la chambre de mes parents. Je trouve ma mère assise sur le lit. Elle regarde le téléphone fixement. Après l'avoir raccroché, elle met son visage entre ses mains. Je m'approche doucement et la vois en larmes.

-Pourquoi tu pleures ?
-Mamie n'est plus dans la Vérité !
-Ça veut dire quoi ?
-Elle a décidé de quitter les Témoins de Jéhovah et de faire partie du Monde. Elle a donc décidé de mourir à Armageddon.

Mamie va mourir ! Ces mots se bousculent dans ma tête. Pourquoi a-t-elle décidé ça ? Je ne comprends pas. Et maman ne sait pas me l'expliquer. C'est ma grand-mère qui le fera elle-même... dix-sept ans plus tard, juste après que je sois sorti, à mon tour, de la secte.

Installés à Livarot, mes parents n'ont plus vraiment de contact avec leur ancienne *congrégation* si ce n'est par l'intermédiaire de quelques adeptes amis ou à l'occasion de rares visites dans leur ancienne *Salle du Royaume*. Ma grand-mère, elle, est restée à Lisieux. Cela fait déjà quelque temps qu'elle se pose des questions sur le mouvement. Il faut dire que les *TJ* ont eu du mal à passer le cap ô combien difficile de l'année 1975, où ils avaient prédit une énième fin du monde. Sauf erreur... elle ne survint pas plus que les autres. Ce fut une crise sans précédent pour la secte. Près de la moitié des adeptes la désertèrent après

Nicolas, 25 ans, rescapé des Témoins de Jéhovah

cette fausse alerte. Mamie, elle, est resté mais a commencé à douter. Très vite, pour contrer la crise, le mouvement se durcit : autoritarisme et abêtissement remplacèrent les débats qui avaient cours jusqu'alors. Les *réunions* furent régies par un programme strict dont on ne s'écarte pas d'un iota. Malgré toutes ces fausses notes, de plus en plus perceptibles, ma grand-mère persiste et fais partie à l'époque des membres influents de la *congrégation* de Lisieux. Débordante d'énergie et franche, elle n'hésite pas à s'exprimer. Mais cela déplaît. Elle organise, chez elle, des après-midi récréatifs autour d'un groupe d'adeptes amis. Ces moments de détente sont très prisés puisqu'on ne peut se fréquenter qu'entre amis... *TJ*. Tous n'y sont cependant pas invités, ce qui crée une hiérarchie déplaisante dans le groupe et des mises à l'écart inévitables. Elle n'aurait pas dû négliger d'inviter l'*ancien* le plus influent de la *congrégation*. Il mène, en guise de représailles, une cabale dont mamie est la cible. Fatiguée par le harcèlement, elle s'éloigne du groupe, sans pour autant quitter la secte. Elle était alors considérée comme une simple « *refroidie* ». Toujours récupérable ! Ce n'est que lorsqu'elle se mit à fréquenter un homme *non TJ* que les choses se gâtèrent. Dénoncée aux *anciens* par d'autres *TJ*, les visites qu'elle reçut désormais n'avaient plus rien de courtois.

–Est-ce que tu comptes l'épouser ?
–Non ! Vous pouvez m'exclure ! C'est tout ce que vous attendiez !

Mamie a vu juste ; elle est *exclue*. Mes parents n'ont jamais rien su de ce qui s'était manigancé contre ma grand-mère. La rumeur n'était pas parvenue jusqu'à Livarot ! C'est l'*ancien* à l'origine de la situation qui les informa à sa façon. Dès lors, ils commencèrent à cesser toute relation avec ma grand-mère. Elle a quitté *la Vérité*. Elle n'est plus fréquentable. Mes parents appliquent à la lettre la règle en vigueur: Les *TJ* doivent cesser tout contact avec un *exclu* ou un *dé*missionnaire sous peine, fusse-t-il de leur famille, d'être *exclus* à leur tour. Personne ne parle plus d'elle à la maison. Je commence à l'oublier...

Mamie s'accroche pourtant. Pour ne pas souffrir de cet éloignement et perdre tout contact avec sa fille et ses petits-enfants, elle trouve une astuce : emmener en voiture mon arrière-grand-mère nous rendre visite. Mais cette femme âgée ne vient pas chaque semaine, tout au plus une à deux fois l'an ! Pendant plusieurs années, mamie attendit dans la voiture, n'allant pas même jusqu'à la porte. Elle se faisait discrète ; pour ne pas imposer sa présence. Puis ma mère la salua du pas de la porte, à distance. Quelques années encore et elle vint le faire à la voiture. Ce furent ensuite des discussions anodines toujours dehors. Maman finit par la faire entrer dans la maison. Elle put enfin revoir ses petits-enfants ... après dix ans de séparation forcée ! Mais j'en avais maintenant quinze. La femme que je retrouvais était une étrangère avec laquelle je n'avais aucun lien, si ce n'est celui du sang. Ma grand-mère se fit un devoir de ne jamais aborder son *exclusion* ; veillant à ne fournir aucun prétexte de discorde dont la secte se serait servi immédiatement pour anéantir ses efforts. Après sa rupture avec la secte, lors de l'une des très rares rencontres pendant mon enfance, je lui demandais, tout en lui caressant les cheveux :

-Mamie, pourquoi tu préfères mourir à Armageddon ?
-Tu sais ces choses-là sont un peu compliquées pour un petit garçon.

Elle ne put m'en dire plus. Elle risquait que je le répète et fasse rompre à tout jamais les rares contacts que nous avions. Pendant ces dix-sept années de silence, elle ne fut jamais autorisée à nous voir plus de deux fois par an. Il est même arrivé que nous passions plus d'une année sans l'apercevoir. Puisque que je crois que mamie ne m'aime pas, j'apprends à ne plus l'aimer, à ne plus souffrir de son absence. J'apprends aussi à être différent de mes camarades qui voient leurs grands-parents tous les week-ends. Alors, je m'invente une super mamie, sur-mesure, si jeune et dynamique qu'elle n'agit pas comme les grands-mères classiques. Je deviens fier de cette parente moderne inventée et finit par croire à son existence. À cinq ans, on fait ce qu'on peut pour se protéger. Moi, je me suis fabriqué une famille idéale : papa est le plus fort de la terre, maman est la plus belle de l'univers et mamie, toujours absente, est une femme d'affaire surbookée.

Mais au fait, qu'advient-il du reste de ma famille *non TJ* ? Ils sont soumis à la même quarantaine que ma grand-mère maternelle, même s'ils n'ont jamais été *TJ*. Nos relations avec notre famille paternelle, notamment nos grands-parents, sont très limitées. Nous n'habitons pourtant qu'à vingt-cinq minutes de chez eux, mais ils font partie du *monde*. En vingt-deux ans, je n'ai passé, en tout et pour tout, qu'une semaine de vacances chez eux et deux jours chez ma grand-mère maternelle. Ils ont pourtant toujours été des modèles de tolérance et de compréhension, ne manifestant aucune opposition aux croyances de mes parents. Ils respectaient ce qu'elles impliquaient, même s'ils ne les partageaient pas. Ma grand-mère paternelle souffrit néanmoins toujours de ne pas célébrer avec nous les fêtes de famille et de ne pas pouvoir nous gâter pour Noël ou nos anniversaires. Alors, chaque année, elle nous faisait parvenir un petit billet de deux-cent francs, par l'intermédiaire de mon père, en prenant bien garde de le faire en dehors des périodes fatidiques ! Ce geste aurait pu être pris pour un cadeau *païen*. Pour la remercier, Magali, Sonia, Frédéric et moi, lui téléphonions à tour de rôle. Mais cet appel était une corvée sans âme ; sa présence et son affection ne pouvant se résumer qu'à ce billet de banque, qui ne nous était même pas offert de la main à la main ! Elle parvenait, tant bien que mal, à contourner les interdits de la secte en organisant un petit repas annuel, avec toute la famille, hors périodes de fêtes. Ces festivités, les seules autorisées par le protocole, n'en étaient pas vraiment. Le lien d'affection était rompu ; je n'avais qu'une idée en tête : quitter les lieux. Je ne le réalisais pas alors, mais je me forgeais une carapace. J'étais persuadé qu'ils allaient mourir à *Armageddon* puisqu'ils n'étaient pas *TJ*. Alors, à quoi bon s'attacher à des êtres voués à disparaître ?

Tout enfant a besoin de l'amour de ses grands-parents pour s'épanouir. Je comble donc le vide laissé par les miens en me rapprochant de membres âgés de la *congrégation* que je considère comme mes véritables papis et mamies. Je m'éloigne des membres de ma famille pour me rapprocher d'autres *TJ*. La secte réussit ce formidable tour de passe-passe : faire disparaître ma vraie famille pour la remplacer par une autre, formatée et formatrice. Le système est ainsi conçu. Je côtoie les adhérents au mouvement près de quatre fois par semaine, sans compter les nombreuses invitations à des repas, à des après-midi récréatifs organisés par, pour et avec d'autres *TJ* !

J'entends les adultes se désigner par leurs prénoms, très familièrement. Un *Témoin* inconnu dans la *congrégation* est,

dès son arrivée, appelé « *frère* » ou « *sœur* ». Les termes de « *grande famille de frères* », « *famille spirituelle* », « *tous frères dans le Christ* », entendus aux *réunions* et lus dans les *publications* de la secte, accentuent encore cette illusion de famille, créée de toutes pièces par la secte. Enfin, on me présente les grandes personnes comme étant un « *Tonton* » ou une « *Tata* ». Je prends le pli. J'appelle tous les adeptes adultes ainsi, même dans les *congrégations* où je ne connais personne. Puisqu'ils sont tous *frères et sœurs* de mes parents, je suis leur neveu à tous, en somme. Entre famille naturelle et famille d'adoption, la confusion s'installe. Elle est entretenue à dessein...
Le peu de loisirs qui nous restent doivent être consacrés à nos *frères et sœurs*. Pas à des gens du *monde* ! Je passe donc presque tous mes week-ends et mes vacances scolaires avec un « *Oncle* » et une « *Tante* » TJ, proches de mes parents. Si proches que, très vite, des dispositions juridiques furent prises : s'il était arrivé malheur à mes parents, nous aurions été confiés, mes sœurs, mon frère et moi à ce couple. Mes parents ne voulaient pas courir le risque de nous imaginer placés dans notre vraie famille *non TJ* qui n'aurait sans doute pas eu à cœur de continuer à nous élever dans l'idéologie de la secte.
Ma famille, désormais, ce sont les *TJ*. C'est à eux que je dois l'obéissance. C'est à eux que je dois demander aide et conseil. C'est à eux que je dois confier mes joies, mes peines et mes rêves. C'est à eux que je dois donner mon attention, mon temps, mon amour. À eux et à personne d'autre !

Nicolas, 25 ans, rescapé des Témoins de Jéhovah

CHAPITRE 4
Un parfait petit *prêcheur*

Dès cinq ans, je suis censé comprendre ce qui se dit aux *réunions*. Les jeux et autres coloriages avec lesquels on m'occupait avant sont supprimés. Le « Recueil d'Histoires Bibliques », édité par les *TJ* et destiné aux jeunes lecteurs, les a remplacé. Ma mère m'a appris à lire avec ce livre et d'autres ouvrages de la secte. Enseignement efficace car je lis couramment avant même d'intégrer le cours préparatoire. Tout ce que je sais, viens des *publications* de la secte. Ma vision du monde est celle des *TJ*. À la *salle de réunion*, je dois maintenant me concentrer sur ce qui est prononcé depuis l'estrade. Je reçois un carnet de notes à petits carreaux strictement réservé aux *réunions*. J'en suis très fier. C'est le signe de la reconnaissance de mes parents : je suis un grand, je peux suivre. Je n'ai d'ailleurs pas le choix !

-Suis, Nicolas !

Suivre. Ils n'ont que ce mot à la bouche ! L'injonction tombe chaque fois que mon inattention est surprise. Si j'ose m'assoupir, les réprimandes fusent. Ce qui n'est pas rare lorsqu'après une longue journée d'école et les devoirs à la maison, je dois ensuite me concentrer à nouveau deux heures sur les sujets présentés à la *Salle du Royaume*. Pour palier à cela, j'ai mon calepin. Au début, je n'y consigne rien. Mes parents y écrivent *Jéhovah*, Jésus, Bible, *Paradis*, Satan, des mots clés récurrents dans les discours. Chaque fois que j'en entends un, je trace un petit bâton au crayon devant les noms cités. En rater un seul me plongeait dans un état de frustration et de honte indicible, persuadé que *Jéhovah* savait que je ne m'étais pas montré assez attentif puisqu'il peut lire dans le cœur et l'esprit. J'étais bien incapable, à la fin d'une allocution, de pouvoir résumer ce qui avait été dit mais je faisais mes comptes. Qui avait le meilleur score ? Jésus ? *Jéhovah* ? ou Satan ? Si ça se jouait à un bâton près, au besoin, je rajoutais un trait devant *Jéhovah*. C'est un peu de la triche, mais il ne peut pas perdre au concours du petit bâton. Je dois bientôt gérer une vingtaine de mots clés, puis une trentaine. Vient alors le tour des termes dérivés ; devant « prédication », si j'entends « *prêche* », « *prêcher* », « *prédicateur* », je trace aussi un trait ... Je peux désormais analyser les termes, faire des corrélations et écrire. Je suis presque mûr pour l'étape suivante : la prise de note. Je n'ai que six ans !

Là aussi, tout se fait par paliers successifs. Je commence par écrire les références des passages bibliques : un livre, un chapitre et un ou plusieurs versets. Par exemple : « *2 Corinthiens 3:16,17* », « *Mathieu 24:14* », « *Jean 2:17* ». Ces noms de code, je les note dès que je les entends. C'est une version plus complexe de l'exercice du petit bâton. Je dois maintenant travailler ma rapidité d'écriture. Maman m'entraîne à la maison, après mes devoirs d'école. Lors des *réunions*, si je n'avais pas terminé alors qu'un autre mot à noter venait d'être prononcé, j'étais au bord des larmes, dépassé par le débit de l'orateur. À plusieurs reprises, il m'arrive de laisser choir mon carnet sur mes genoux, abattu et honteux. Que n'ais-je pas fais là ?

-Reprends ton carnet et suis !

L'injonction est sans appel. Je me remets à noter machinalement. Et à la fréquence de trois *réunions* par semaine, je prends vite le rythme. J'ai intérêt à m'améliorer car maman a toujours le geste prompt pour corriger la moindre faute d'orthographe dans les noms des rédacteurs bibliques.

À chaque verset cité en référence par l'orateur c'est la course. Dans un bruissement de pages frénétique d'une cinquantaine de Bibles feuilletées simultanément, c'est à celui qui trouvera le premier la bonne page. Évidemment, là aussi, je dois être à la hauteur. Et j'éprouve la même détresse devant l'échec lorsque le verset a été lu et que je n'ai pas encore repéré la page. Soupir exaspéré de ma mère. Sa main sur ma Bible. Quelques secondes lui suffisent pour trouver la bonne page. Son doigt nerveux pointe le verset. Je la sens irritée. Je n'ose pas la regarder. Elle, comme moi, espère que personne n'a remarqué ma faille. Non seulement je suis lent et mal habile mais, en plus, je la distrais et la retarde. Trouver les versets rapidement doit être un sixième sens pour les *TJ*. J'apprends donc à la maison, pour gagner en efficacité, l'ordre des livres de la Bible : *Genèse, Exode, Lévitiques, Nombres, Deutéronome*... c'est une vraie litanie que ma mère me fait réciter inlassablement, jour après jour, après mes devoirs scolaires.

–Nicolas ! Viens réciter tes versets !

J'étais en train de jouer, je dois tout arrêter. Pour m'entraîner comme un futur champion, elle me dicte des références de versets que je dois trouver le plus vite possible. Cela doit devenir réflexe. Je deviens ainsi rapidement capable de noter les références du verset, de le repérer dans ma Bible et de prendre en notes son contenu, le tout avant que l'orateur n'ai eut le temps de le lire. Je n'ai que 7 ans. Vient donc naturellement l'étape finale : la prise de notes aboutie. Il s'agit maintenant de pouvoir faire un résumé du discours rien qu'en relisant mes notes. Je dois discerner les phrases clés et les écrire pour ensuite être capable de condenser le contenu en une phrase brève. Mes camarades d'école n'en étaient qu'aux rudiments de la lecture... les pauvres.

Parallèlement à cette formation intensive, je suis impliqué, encore dès 5 ans, dans le déroulement des *réunions*, dont certaines sont traitées par question/réponse. Tous les samedis après-midi, nous étudions, en famille, le livre « *Le plus grand enseignant que la terre aie porté* », ouvrage édité par les *TJ* à destination des enfants ; il relate la vie de Jésus et la façon dont les enfants devraient l'imiter. Mes camarades de classe ont de la chance d'échapper à cette corvée ! Cela me paraît interminable. Le déroulement de l'étude est simple. Nous examinons un chapitre du livre. Mon père ou ma mère lit un paragraphe d'une vingtaine de lignes. En bas de page, des questions y correspondent. Mon père les pose ; nous devons répondre. La réponse est systématiquement une phrase du paragraphe que l'on doit répéter. Si je me laisse distraire, gagné par l'ennui, mes parents me grondent : « *Suis !* ». Tant que la réponse n'aura pas été donnée, on ne passera pas au paragraphe suivant. Je n'ai qu'une solution pour écourter le calvaire : devenir de plus en plus doué. Question de survie !

Cet exercice familial était un entraînement aux *réunions* où l'on peut répondre. Au début, papa et maman me soufflent la réponse à l'oreille. Sur les genoux de mon père je lève le bras aussi haut que possible. Le conducteur de l'étude sur l'estrade me désigne l'air attendri.

-Notre jeune ami Nicolas !

Un perchman tenant le micro, arrive à la hauteur de mon rang. La boule de mousse noire se place sous mon nez. Je louche un peu. Je bafouille, intimidé. Tout le monde se retourne vers moi. Je parviens à articuler la réponse. Regards approbateurs et sourires de tous.

-Très bonne réponse Nicolas ! Merci. Paragraphe suivant...

Pendant que la lecture reprend, la main de papa me secoue affectueusement le bras. Maman me sourit. Ils sont fiers de moi. Je rayonne ! Alors pour que ce moment magique se reproduise le plus souvent possible, je veux répondre à toutes les questions. Mais passées les premières fois, la fierté de mes parents s'est atténuée. Il va me falloir trouver autre chose pour les rendre fiers de moi.
A la maison aussi les choses ont changé. Fini le petit livre rose sur la vie de Jésus ! Nous préparons tous les samedi après-midi l'article par question/réponse de *La Tour de Garde* qui sera au programme de la *réunion* du lendemain matin. Le support a changé, mais la tâche reste la même. C'est une vraie corvée. Je ne dois plus me contenter de réciter les réponses. Je dois aussi lire certains paragraphes. Tous les membres de la famille s'exécutent, chacun leur tour. Je dois également trouver dans ma Bible, tous les passages cités en référence dans l'article. J'apprends donc à manier le bloc compact de 1 500 feuilles ultra-fines, le plus vite possible. Mon père interroge. Les mains se lèvent. L'unique bonne réponse est donnée. Je la souligne au feutre fluo pour la repérer rapidement lors de la *réunion* du lendemain pour répondre. L'étude dure toujours une heure. J'entends les enfants du quartier jouer dehors. Moi je suis cloué sur ma chaise. C'est interminable !

Un parfait petit prêcheur

Plus je grandis, plus je deviens indépendant. A 6 ans j'étudie seul les *publications* et réponds aux interrogations. Pleins de fierté, mes parents me poussent à progresser. Encore et encore. Du coup, je prends du galon. Des heures d'études en plus aussi. Je ne suis plus astreint qu'à la préparation de *la Tour de Garde* en famille mais à celle, personnelle, des trois *réunions* de la semaine, une fois mes devoirs scolaires faits.

–Tu ne regardes pas la télévision tant que ton étude n'est pas faite ! Tu as préparé la réunion de service de demain ? Non ? Alors, tu t'y mets tout de suite, vous jouerez au Monopoly plus tard ! Où vas-tu ? Tu as préparé ton étude de livre pour demain ? Non ? Pas de sortie tant que ce n'est pas fait !

L'étude avait la priorité absolue. Toute autre activité était reléguée au second plan. À ce rythme-là, je deviens incollable sur la littérature de la secte, mais qu'est ce que j'envie les autres enfants qui n'ont pas tout cela à faire. Mes progrès enflamment l'imagination des autres *TJ* ; ils voient en moi, un futur *pionnier*, un *ancien* en herbe... En attendant, ils me poussent à m'inscrire à *l'École du Ministère Théocratique*, cours d'art oratoire interne de perfectionnement à l'art de convertir. Du reste ils n'ont pas trop à m'y pousser. Frédéric en fait partie, et je ne pense qu'à l'imiter. Je fais ma demande et j'attends ma première intervention. Chaque session, une par semaine, compte trois sujets de cinq minutes chacun. Les sujets sont basés sur un *verset biblique* imposé. L'élève doit alors faire des recherches relatives à cet extrait dans les *publications* de la secte, nulle autre source n'est autorisée. Le but étant de donner au texte une explication puis une application liées aux croyances *TJ*. Chaque prestation est évaluée en public par le conducteur de la session.

La première fois que je monte sur l'estrade j'ai 7 ans. J'accompagne maman. Nous devons jouer une saynète où elle me fait l'étude. Un *ancien* de la *congrégation* lui avait préalablement remis une petite fiche lui indiquant qu'elle devait faire une allocution publique sur l'estrade, précisant la date, le thème, le cadre (les circonstances présumées de la scène), le point d'art oratoire à travailler et son interlocuteur, moi en l'occurrence. Les femmes *TJ* n'ont pas le droit d'enseigner en s'adressant

Nicolas, 25 ans, rescapé des Témoins de Jéhovah

à l'auditoire. Un machisme justifié par deux versets sortis du contexte dans leur pavé biblique. Elles n'ont donc pas accès au pupitre et participent à *l'École Théocratique* en étant assises à une table avec une interlocutrice leur donnant la réplique. Je ne comprends pas pourquoi à l'époque. Mais peu importe, je suis un garçon et je lorgne avec envie du côté pupitre. Ce sujet avec ma mère est le premier pas pour y parvenir. Cela fait deux jours que nous préparons ma première prestation sur scène. Nous avons répété de nombreuses fois après l'école et j'ai consigné sur une feuille notre dialogue, mes répliques en rouge et les siennes en bleu. Pour bien lire les versets, j'emporte une Bible *TJ* grand format. À l'instant crucial où nous sommes annoncés, je suis mort de trac. Je gravis les trois marches qui mènent à la tribune d'un pas hésitant avec la Bible trop grande que je tiens à deux mains. Un coussin a été mis sur mon siège pour me rehausser. J'ouvre l'épais et lourd volume là où j'avais placé un marque-page. J'étale mes notes. Un micro sur la table est réglé à ma hauteur. Je suis seul avec ma mère devant une cinquantaine de personnes qui me fixent. Je suis tétanisé. Joues en feu. Vue brouillée. Mains tremblantes. Ma mère lance la première réplique, je lis comme un automate, mon doigt suivant la ligne au fur et mesure de ma lecture. Je bredouille. J'aperçois des sourires. J'entends des chuchotements. Tous ces yeux braqués sur moi ! Je perds mes moyens. Pendant les répétitions, j'étais si sûr de moi, à l'aise ! Là je suis lamentable. Le dialogue arrive à son terme. Ouf ! Nous quittons l'estrade. Je suis rouge de honte. Je rejoins ma place les yeux rivés sur mes pieds. Des clins d'œil dans l'assistance me rassurent. Maman est fière. Papa aussi. J'ai franchi aujourd'hui une étape symbolique. Je suis des leurs maintenant. Une fois la *réunion* terminée, tous les *TJ* de la *congrégation* viennent me féliciter. Les mois suivants, je réitérerai à deux reprises l'expérience.

Ce que j'attends fébrilement se produit enfin. Un *ancien* vient me remettre une fiche de sujet. Me voila meneur de la discussion, à 7 ans ! Je reçois dans la foulée un manuel d'art oratoire et je serais noté : B (bien) et A (à retravailler). Je vise la perfection. Je veux que mes parents soient fiers de moi. Je suis d'ailleurs en compétition avec mon frère et l'autre garçon de la *congrégation*. Mon orgueil en prend un coup chaque fois qu'une appréciation médiocre m'est attribuée. Plus j'aurais de b, plus vite je pourrais me débarrasser de l'interlocuteur et de la table et atteindre le pupitre. Je passe la semaine précédant mon intervention à préparer mon sujet, une fois rentré de l'école et après avoir fait mes devoirs scolaires et je répète avec ma mère notre dialogue. Je ne suis pas pour autant dispensé de la préparation des *réunions*. Je suis épuisé par ce rythme mais ma première vraie prestation doit être parfaite. Je veux tous les épater. Et c'est le cas. Je savoure les félicitations. Ce que je peux aimer les compliments ! A ce moment, imperceptiblement, je rentrais dans le système de promotion interne de la secte, sensé dissuader de briller dans *le monde* extérieur, en prenant goût aux flatteries. Si je veux continuer à en recevoir, je dois conserver mon niveau d'excellence. Et j'œuvre tant et si bien que je quitte rapidement la table réservée aux *sœurs* pour le pupitre. Je n'ai plus un interlocuteur mais un public. Enfin !

J'ai 8 ans et je donne mon premier discours devant la *congrégation*. Je suis si petit que je ne parviens pas au plateau incliné du pupitre. On me fait grimper sur une caisse en bois pour me surélever. Je me trouve ridicule. Tout mon enthousiasme s'est envolé et je n'ai qu'une envie, que ce calvaire se termine le plus vite possible. J'avais fantasmé. Je me voyais en petit prodige de l'art oratoire, déambulant sur l'estrade, montrant une aisance à en rendre jaloux les adultes, applaudi à tout rompre et félicité de toute part. Dans la réalité, ma lecture est médiocre, balbutiante, décevante. Je retourne à ma place, au bord des larmes, malgré les sourires et les félicitations de mes parents débordants de fierté. Je me fais quand même complimenter par tout le monde à la fin de la *réunion*. Je ne soupçonnais pas qu'il s'agissait ici de mon rite de passage. « Tu seras un homme, mon fils ! » Chez les *TJ*, cela passe par le pupitre.

La finalité de cette formation est de faire de moi un parfait petit *prêcheur*. Et c'est ce que je deviens. Du plus loin qu'il m'en souvienne, j'entendais parler de tout jeunes *TJ* réussissant des conversions massives, conduisant des dizaines d'*études bibliques*, rabattant amis, camarades, professeurs et membres de leur famille, tous prêts à se faire *baptiser*. Je veux les imiter. Je veux, moi aussi, qu'on me consacre un article dans *la Tour de Garde*. Je veux être cité en exemple. Puisque, dans *le monde*, la gloire m'est interdite, je connaîtrai le triomphe au sein de la *congrégation*. En quête de cette reconnaissance, je prononçais

Nicolas, 25 ans, rescapé des Témoins de Jéhovah

discours et prêchais de porte en porte avec zèle ce qui ne fut pas sans effet sur moi. La répétition quotidienne faisait petit à petit de moi un parfait outil de propagande. Et du haut de mes 8 ans, qui se serait méfié de moi. Une parfaite arme prosélyte en action.

CHAPITRE 5
Du *prêche* au prosélytisme. Du porte-à-porte à l'école.

Le prosélytisme, je suis né avec. Tout bébé, dans leurs bras ou dans une poussette, j'accompagne mes parents. Je constitue un bon moyen d'approche. Les gens, sur le pas de leur porte, m'aperçoivent en premier ; un très jeune enfant suscite toujours l'empathie.
La famille au grand complet va *prêcher* le samedi matin, comme des milliers d'autres *TJ* en France le même jour. Cela consiste à aller frapper aux portes de toutes les maisons d'un *territoire* donné pour y laisser les derniers écrits de la secte. Le déroulement de cette activité est le même pour tous les *TJ* du monde. Nous nous donnons rendez vous à la *Salle du Royaume* ou chez un *frère*. Après un bref examen du *Texte du jour* le même livret que nous étudions tous les midis en famille, on passe en revue des suggestions de présentation des dernières revues de la secte suggérées par le mouvement. Une prière termine la *réunion* puis les membres présents sont répartis sur les *territoires* attribués pour la matinée, par petits groupes de quatre en général. Cela permet de nous regrouper par voiture pour éviter que trop de véhicules attirent l'attention. La réussite de la *prédication* réside aussi dans l'effet de surprise. Chacun part avec son petit plan. Au fur et à mesure de la matinée, on grise au stylo sur un calque, les chemins parcourus. On *prêche* toujours à deux. Cela permet, lors d'une conversation, de prendre le relais quand l'un ou l'autre ne trouve pas l'argument opportun pour convaincre.

J'ai 5 ans. Samedi, 7h30, le réveil sonne. Je prends mon petit déjeuner. J'enfile mon petit costume. Ajuste ma cravate

Nicolas, 25 ans, rescapé des Témoins de Jéhovah

à élastique. Prends ma sacoche préparée la veille au soir, contenant le kit du parfait *prêcheur*, le même pour les 6 millions de *TJ* dans le monde : une Bible de poche, des revues à distribuer, un livre pour répondre aux objections rencontrées et des fiches pour noter les coordonnées des gens rencontrés. Maintenant que la famille s'est agrandie, mes parents ne peuvent pas se présenter avec tous leurs enfants aux portes. Parfois, nous sommes donc confiés à d'autres *TJ* que nous accompagnons. Lorsqu'il n'était pas possible de nous confier tous, mes parents emmenaient l'un de nous avec eux, laissant les autres seuls dans le véhicule. Livarot est un grand village, nous prêchons donc souvent dans la campagne environnante. Mes parents arrêtent la voiture à l'orée d'un chemin et se rendent à pieds jusqu'aux habitations. Les portières de voiture claquent, sont verrouillées, les pas dans les graviers s'éloignent, puis le silence se fait. Je suis seul dans la voiture, au milieu de nulle part, j'ai 5 ans. Le calme est pesant. Le temps semble interminable. Je n'ai rien à faire si ce n'est feuilleter l'une des *publications* de la secte. Je déteste cette attente. J'aimerais tant être chez moi ! L'hiver, c'est abominable. Il fait froid dans l'auto, les vitres sont couvertes de buée. Un chien aboie au loin. Sinistre. Des bruits de pas se rapprochent. Je me recroqueville sur mon siège et retiens ma respiration. Je n'ose pas regarder. J'imagine un inconnu essayant d'ouvrir la portière pour m'enlever. Mais non, ce sont mes parents qui sont de retour. Ils entrent. La voiture redémarre, roule jusqu'au chemin suivant. Ma mère trie ses *publications* pour trouver la bonne, met un marque page dans sa petit Bible pour trouver vite le verset utile à sa présentation, ordonne rapidement ses cheveux dans le miroir du pare-soleil. Elle est parée. Ils sortent. Je suis à nouveau seul. Enfermé.

Mais je préfère encore cette solitude à aller frapper aux portes. Je n'aime pas entrer chez des inconnus. Même si je suis avec mes parents ou un autre adulte, j'ai peur. Avant d'entrer dans la propriété, on secoue la barrière, on appelle, pour vérifier qu'aucun molosse ne va nous sauter à la gorge. Et moi à 5 ans, je ne les obligerais pas à sauter bien haut. Mais je ne peux m'empêcher de penser à toutes ces histoires racontées par d'autres *TJ* attaqués par des chiens. Je suis toujours prêt à fuir. Et je l'ai fait à plusieurs reprises ! Parfois devant un cerbère, parfois devant un taureau ou le fusil d'un agriculteur

Du prêche au prosélytisme. Du porte-à-porte à l'école.

menaçant. C'est la peur au ventre que je me dirige vers les habitations. Mais la *vie éternelle* vaut bien qu'on prenne quelques risques. Cette crainte dissipée, une deuxième surgit. Qui occupe les lieux ? Quel sera son accueil ? J'espère toujours que la maison sera vide, que personne n'ouvrira. Il y a un réel avantage à *prêcher* en campagne le samedi matin : tout le monde ou presque est parti au marché. Mais une fois sur trois quelqu'un ouvre. La plupart du temps la porte se referme très vite sur un « je ne suis pas intéressé » et on peut s'en aller. Parfois, malheureusement, elle reste ouverte. Moi je n'ai rien d'autre à faire que d'écouter mes parents parler. J'apprends. Et je souris. Surtout, sourire ! C'est la consigne. La séduction prime sur le message.

À 5 ans, je maîtrise l'art du sourire comme personne. Mes parents me donnent de petits tracts à donner. Il en existe pour tous les thèmes qu'on peut choisir d'aborder en *prédication* : la *vie éternelle*, Jésus, la Bible, la résurrection des morts, Satan... Mon rôle est d'en remettre un à l'interlocuteur de mes parents quand ils ont achevé leur présentation. Comment refuser un présent tendu par des mains innocentes ? Au début, mes parents ne me remettent qu'un dépliant lié au thème qu'ils ont l'intention d'aborder. Plus tard, ils m'offrent une petite pochette dans laquelle je peux stocker quelques exemplaires de chaque. Ainsi, aurais-je toujours le fascicule adapté à tendre au bon moment. Plus tard, ce sont *La Tour de Garde* et *Réveillez-vous !* que je propose.

Vers 7 ans, non seulement j'accompagne ma mère dans les sujets qu'elle présente aux *réunions*, mais j'apprends à présenter moi-même les *publications* que je remets. Ma mère me fait répéter une présentation simple, adaptée à un périodique donné. Là encore répétition le soir après l'école et les devoirs. Je fais mes premières armes en prosélytisme. Arrive donc la première porte. Ma première porte. Je suis mort de trouille. La porte s'ouvre. Je reste muet, tétanisé. Ma mère prend le relais. Une fois la porte close elle me pousse à l'action.
-Si tu ne te jettes pas à l'eau, tu n'y arriveras jamais !
Se jeter à l'eau ! Je prends mon courage à deux mains. Je frappe à la porte suivante. Une dame ouvre. Je lui sers mon sourire « sympathie garantie ». Mais les mots sont moins efficaces. Je rougis. Je bafouille et je tremble comme une feuille en lui

Nicolas, 25 ans, rescapé des Témoins de Jéhovah

tendant une *Tour de Garde*. Elle la prend sans rien avoir compris de mon message. Ma mère précise l'objet de notre visite. La femme comprend alors qui nous sommes et me rend le périodique. La porte se referme. C'est un début. Il faudra faire mieux la prochaine fois.

Au fur et à mesure, je deviens capable de développer la rhétorique de la secte. Je peux alors la présenter et la défendre par un argumentaire cent fois rabâché. J'apprends tout cela par cœur et le débite machinalement, persuadé que ce raisonnement vient de moi. De moi seul. Obligez quelqu'un à se réapproprier un discours et il le retiendra parfaitement. Les *TJ* doivent lors des *réunions* par questions et réponses, ne pas répéter les phrases telles qu'elles sont écrites, mais les reformuler dans leurs propres termes. Baigné dans ce processus, je suis certain que tout ce dont je parle vient de ma réflexion. Une femme chez qui j'avais frappé n'avait pas été dupe.

-C'est bien, mon petit, tu as bien appris ta leçon !

Je suis resté coi. Ma leçon ! Comment ose-t-elle ? Je fulminais à l'idée qu'elle puisse croire que je récitais du par cœur. C'était malheureusement bien le cas. Il fallait donc que je gomme tout ce qui pouvait le laisser croire. Ceci fait, je fus un parfait petit *prêcheur* « bien innocent », dont les gens ne se méfient pas. Programmé par la secte pour *prêcher* chaque semaine, j'avais pour objectif d'en faire toujours plus. Je devais également saisir la moindre occasion de déployer mes talents, que ce soit avec ma famille *non TJ* ou mes camarades de classe, en prenant garde de ne pas être accusé de prosélytisme en milieu scolaire. En effet, on m'inculque, avant même d'entrer en primaire, les détails de la loi sur la laïcité dans l'enceinte scolaire, ses limites et les moyens de les contourner. Je ne peux parler de mes croyances que si on me pose des questions. Je ne dois pas en prendre l'initiative. En revanche, je dois tout faire par mon comportement pour les susciter. Ma non participation aux fêtes est l'occasion idéale. Je ne dois pas non plus donner d'écrits dans l'enceinte de l'école. Il ne doit y avoir aucune preuve matérielle de mon prosélytisme. En revanche, dès les grilles de l'école franchies, je peux en donner à mes camarades,

Du prêche au prosélytisme. Du porte-à-porte à l'école.

en leur disant bien de ne pas les montrer à leurs parents. Et je saisis, dès tout petit, la moindre occasion de le faire.

Plus j'étudie et présente des sujets à la *Salle du Royaume*, plus je suis persuadé que c'est la seule chose bonne à faire pour sauver mes camarades de la mort qui les attend de façon inéluctable s'ils ne deviennent pas *TJ*. Je le leur dis lors des récréations.

-Vous feriez mieux de m'écouter et de me croire sinon vous mourrez à Armageddon.

Les moqueries fusent. Je suis pris de panique. Je dois absolument les secourir. Moi, je connais *la Vérité* sur la fin du *monde* proche ; je dois accomplir ma mission : *prêcher* pour sauver un maximum de vies. Si je ne le fais pas, je serai responsable de la mort de tous ceux que j'aurais pu prévenir. C'est ce qu'on m'a enseigné. « *Leur sang, je le ferai venir sur vos têtes* ». Ce verset, souvent lu aux *réunions*, me terrorise. Des personnes que j'aurais pu sauver pourraient périr simplement parce que je ne les aurais pas prévenu que *Jéhovah* va détruire les *non Témoins*. Je me vois, le visage couvert du sang de mes camarades devant *Jéhovah* me condamnant à mort. Belle vision du monde à 6 ans ! Le père d'une camarade, à qui je tenais sans cesse ce discours, vient un jour me voir à la sortie de l'école, accompagné de sa fille.

-Je t'interdis d'adresser la parole à ma fille.

Il me tend le livre « *Les jeunes s'interrogent : réponses pratiques* » (livre de « conseils » pour les jeunes édité par les *TJ*). Je l'avais donné à la fillette deux jours plus tôt, à la sortie de l'école.

-Surtout, ne le montre pas à tes parents. Ils ne comprendraient pas et te demanderont de me le rendre.

Mais elle avait passé outre. Après l'avoir rapidement parcouru, ses parents avaient décelé le prosélytisme évident à chaque page. J'ai échoué. J'ai encore beaucoup de choses à apprendre pour devenir un parfait petit *prêcheur*.

Nicolas, 25 ans, rescapé des Témoins de Jéhovah

CHAPITRE 6
Une famille en or – Du « je » au « nous »

« *Nous devons mettre les intérêts du Royaume* (des *TJ*) *à la première place* », m'enseigne-t-on. Avant moi, mes rêves, mes désirs ! De toute façon, ce n'est pas grave. J'aurai l'éternité pour les réaliser. Dans mon esprit d'enfant, le futur était donc tout tracé : *Le monde méchant* va disparaître et tous les *non TJ* avec. Je me suis fait mon plan de survie. D'abord, m'inscrire à *l'École du Ministère Théocratique*. Devenir *proclamateur non baptisé*, puis, me faire *baptiser* et entreprendre *le service de pionnier*. Je remplis les conditions pour être *assistant ministériel*, puis *ancien*. Ensuite, je passe *surveillant de circonscription*, puis *surveillant de district*, *membre oint* et, enfin, *membre du Collège Central*… Bien qu'utopique au sein même du mouvement, c'est là ma vision de l'avenir. Être admiré. Admirable. Comme mes parents. Comme le *surveillant de circonscription*, une sommité à mes yeux. J'admire les adeptes influents et lui en particulier.

Une à deux fois par an, la *congrégation* reçoit sa visite pendant une semaine. Il apporte aux *anciens* des directives confidentielles orales et écrites émanant des plus hautes sphères de la secte et réceptionne les documents sensibles à transmettre au siège. Pendant la durée de son séjour, il ne coûte rien à la secte. Logement, repas, frais d'essence, tout est pris en charge par les *TJ* locaux. A Livarot, notre famille, jugée exemplaire, héberge presque systématiquement le *surveillant*. Gracieusement bien sûr, on ne va tout de même pas se faire dédommager une telle bénédiction ! Papa nous donne des directives. Il faut montrer une image parfaite de la famille et de la *congrégation*. Ceux qui sont peu assidus aux *réunions* n'en manquent pas une seule pendant cette « *semaine spéciale*

Nicolas, 25 ans, rescapé des Témoins de Jéhovah

». Tout le monde *prêche* frénétiquement. La *Salle du Royaume* est nettoyée de fond en comble. Moi, je considère cet homme comme un être exceptionnel pour susciter autant de ferveur, d'enthousiasme. A vrai dire, il me fascine ; j'aimerais lui ressembler. Tout le monde est aux petits soins pour lui. Les *anciens* lui obéissent ! Même mon papa, que rien ne semble d'ordinaire impressionner, fait tout pour le visiteur. Pendant son séjour, il prononce de nombreux discours pour motiver les adeptes à *prêcher* d'avantage. Et quel orateur ! Je bois ses paroles. Galvanisés, tous les *TJ* se donnent comme jamais. Des rendez-vous de *prédication* sont organisés tous les jours, matin, après midi et soir. Les enfants aussi *prêchent* des heures, le soir après l'école et le week-end. C'est une semaine de dopage. A la maison, je passe mes soirées à l'écouter raconter des anecdotes de voyage. Chaque fois qu'un de ces hommes venait chez nous, après son départ, j'étais tant influencé que je m'investissais encore plus dans la secte. Les grosses étapes clés de mon implication dans le mouvement suivirent souvent leurs visites. Et c'est bien ce que mes parents espéraient. Que la proximité de ces hommes tout entier consacrés au mouvement me pousserait à faire de même.

Un autre événement important, pour ne pas dire capital, dans l'année d'un *TJ* est *le Mémorial de la mort de Jésus*, toujours célébré en avril où l'on est censé revivre les conditions de la dernière Pâque du Christ avec ses apôtres. Plusieurs semaines avant la date fixée, les préparatifs commencent. Nous sommes tous invités à *prêcher* d'avantage et à distribuer un maximum d'invitations à l'événement, quitte à prendre des jours de congé. Des équipes sont nommées pour s'occuper du ménage, de la préparation des *emblèmes*, de l'achat des fleurs... Tout le monde met la main à la pâte, y compris les enfants. J'astique les sièges, passe l'aspirateur, nettoie les vitres, les toilettes, le carrelage. Dans ma famille exemplaire, on s'active... de manière exemplaire ! Durant la semaine précédant le jour J, nous devons lire en famille des chapitres de la Bible relatant la vie de Jésus juste avant sa mort. Quarante-cinq minutes chaque soir. C'est la corvée, mais impossible d'y échapper. On lit chacun notre tour une portion de chapitre, mon père pose des questions sur leur contenu et l'application à en faire.

Mis ainsi en condition, nous arrivons fin prêts le jour dit, à la *Salle du Royaume*. Il y a déjà foule. Je ne ménage pas ma peine. Je serre des mains, souris à tout le monde et surtout aux *non TJ* venus par curiosité. Je préviens leur moindre désir. Ils sont surpris de voir un petit bonhomme de huit ans s'activer ainsi. Mais les consignes sont claires : accueillant et souriant ! Il faut séduire. Donner envie de revenir ou d'en savoir plus. Le moindre intérêt sera suivi d'une proposition d'*étude biblique* à domicile. Et je ferais tout pour.

Je choisis ma cible et je ne la lâche pas de toute la célébration. Une fois abordée, je lui trouve une place, lui explique le déroulement, lui procure une Bible *TJ*. Un vrai cocon d'attentions. Conduire *une étude biblique*, c'est une consécration, une bénédiction divine pour un *TJ*. Une vie en passe d'être sauvée de la destruction finale. Ce n'est pas rien. Conduire *une étude*, c'est la fierté assurée de pouvoir l'inscrire sur mon *rapport d'activité mensuel*. Et j'en veux une, moi aussi. Je m'assois donc à côté de lui et lui commente tout le déroulement de la *réunion*. *Cantiques*, prières, discours, je lui explique tout. Je réponds à ses questions, étonné de voir des adultes ignorer ce dans quoi je baigne depuis ma naissance. Pour moi ce sont des évidences. Vient ensuite le passage des emblèmes : le vin et le pain sans ferment. Sur la table de l'estrade quatre assiettes et quatre verres ont été disposés.

Pour bien saisir la suite de la célébration, il faut préciser que les *TJ* se croient divisés en deux groupes, chacun promis à des destins différents. La majorité des six millions d'adeptes nourrit l'espoir de vivre sur la terre débarrassée des méchants *non TJ* après *Armageddon* et transformée en *Paradis*, où les morts ressusciteront et où les animaux sauvages ne se mangeront plus et joueront avec les enfants. Une élite cependant, nommée *les oints*, ayant reçue l'onction céleste, au nombre de cent quarante quatre mille, sera appelée à régner au ciel au côté du Christ sur la terre occupé par les *TJ*. Ce statut d'*oint* n'est basé sur rien de tangible, si ce n'est le simple fait qu'ils en sont personnellement persuadés. Ils se déclarent donc dans leur *congrégation* comme tels et tous les autres *TJ* les croient sur parole. Comme pour le reste de leurs croyances, ils n'ont besoin d'aucune preuve, ils croient. C'est ce qu'ils appellent « *voir avec les yeux de la foi* ». Sans commentaire !

Nicolas, 25 ans, rescapé des Témoins de Jéhovah

Pour en revenir au *Mémorial*, selon le récit de la dernière Pâque de Jésus dans leur Bible, Jésus a partagé du pain et du vin, symboliquement son corps et son sang, avec onze de ses apôtres, la nuit précédant son exécution ; Judas étant parti préparer la livraison du colis christique aux pharisiens du coin. Le vin et le pain passèrent de main en main. Une fois que tous les apôtres en eurent consommé, Jésus leur dit qu'il signait là un pacte avec ceux qui gouverneraient à ses côtés au ciel ; il leur demanda de continuer à faire ceci en souvenir de lui. D'où le nom de *mémorial*. Mais seuls ceux qui sont censés aller au ciel peuvent « *prendre part aux emblèmes* », c'est-à-dire boire du vin et manger du pain. A l'heure actuelle, le *mémorial* consiste à faire passer les emblèmes sans que personne ne goûte ni au vin ni au pain hormis les fameux *membres oints*, absents de la majorité des *congrégations*. J'explique tout cela à mon futur *étudiant*. Mais au final il ne souhaite pas d'*étude biblique*. Il est venu par curiosité. Je suis déçu. Tout ce temps perdu que j'aurais pu consacrer à un vrai candidat à *l'étude* ! Je n'ai pas été à la hauteur. Je ferai mieux l'année prochaine !

Impossible d'évoquer les événements marquants de ma vie d'enfant sans parler en plus du *Mémorial* des trois *assemblées*, rassemblements annuels de milliers d'adeptes. Ils sont organisés dans des stades, parcs des expositions, loués pour l'occasion. Il y en a trois dans l'année. Une d'un jour en Automne dite « *spéciale d'un jour* », celle « *de circonscription* », deux jours en hiver et une de trois jours en été appelée « *assemblée de District* ». Mes parents attendent toujours d'avoir les dates de cette *assemblée* pour réserver une location de vacances, pour ne pas risquer de partir en vacances à la m^me période.

C'est un extraordinaire moyen de communication pour la secte. Dix mille *Témoins de Jéhovah* regroupés dans un stade, ne passent pas inaperçus. L'occasion rêvée pour les porte-paroles de la secte de se livrer à quelques interviews. Si l'on est tenté de répondre aux questions de la presse, des *frères* chargés de l'accueil viennent rapidement nous arracher des griffes des journalistes qui n'ont qu'à s'adresser au service des relations publiques. Moi, je les fuyais. C'était des menteurs, à la solde de nos détracteurs et de Satan. Les reportages consacrés à notre mouvement étaient tous mensongers. J'en étais sûr... bien que je n'en ai pas vu un seul ; il m'avait toujours été interdit de regarder une émission qui critiquait la secte pour ne pas affaiblir ma foi.

Là aussi, l'événement est préparé très en amont. Un mois avant l'*assemblée*, je reçois mon badge, où sont inscrits le thème et l'année, que je personnalise de mes nom, prénom et ville. Je reçois la consigne de le porter en permanence, y compris pendant les trajets en voiture. En voyant défiler cinquante voitures pleines de passagers badgés, un agent de péage ou un pompiste pouvait légitimement s'interroger sur ce phénomène et, qui sait ?, questionner un conducteur et, pourquoi pas ?, accepter de prendre une *publication*. Tout est bon pour attirer les *non Témoins* ! Un mois avant, la *congrégation* est également avertie de quel service à l'*assemblée* elle aura la charge et du nombre de volontaires à fournir. Accueil, parking, distribution des programmes et des *publications*, comptabilité des dons, comptage des assistants, sécurité, infirmerie, préparation et service des repas, nettoyage des toilettes, responsables des boîtes à offrandes... tous les postes sont occupés par des *TJ* bénévoles. Moi, je voyais dans ces taches moins un moyen de rendre service qu'un stratagème pour ne pas avoir à rester assis pendant les cessions. Un passeport pour des instants de liberté en somme. La semaine précédant l'*assemblée*, nous avions droit à des sujets en cascade sur le comportement à y adopter pour donner une bonne image des *TJ*. Un vrai plan de communication. Les enfants étant considérés comme des éléments potentiellement perturbateurs et générateurs d'une mauvaise image pour le groupe, nombre de recommandations, interdictions et injonctions m'étaient destinées.

Le jour J, maman a tout prévu ; elle a fait nettoyer nos costumes. Mes sœurs ont de nouvelles robes. Mon frère et moi une chemise et une cravate neuves. Maman donne toujours l'exemple. Je ne veux pas la décevoir. Je cire mes chaussures vernies. La veille au soir, sur mon lit, j'étale avec soin les chemises que je mettrai pour les trois jours. Je prépare mon cartable. Bible, *cantique*, bloc-notes tout neuf, stylo, livret *Examinons les écritures chaque jour*. Le même contenu exactement que tous les *TJ* qui assisteront à l'*assemblée*. Dans la cuisine, ma mère prépare des sandwichs. Dehors, mon père vérifie la pression des pneus de la voiture et le niveau d'huile.

Nicolas, 25 ans, rescapé des Témoins de Jéhovah

C'était comme une veille de départ en vacances ! Ces soirs là j'étais excité et ne parvenais pas à trouver le sommeil. Mais ce n'était pas des vacances et mon enthousiasme allait très vite disparaître.
Le lendemain, levé : 5 h du matin. J'ai une heure chrono pour manger, faire ma toilette, enfiler mon costume et m'asseoir dans la voiture. Je suis tout engourdi. Je pique du nez, retenu par la ceinture de sécurité.

-Fais attention, tu froisses ta veste !

Mon frère et moi étions particulièrement exposés car nos parents, avec quatre enfants, avaient investi dans un break six places qui avait la spécificité d'avoir les deux derniers sièges de la voiture dans le sens inverse de la marche, face aux conducteurs des voitures qui nous suivent. C'est dire si nous devions être présentables, bien badgés. Irréprochables.
Ma mère a emporté des cassettes de *cantiques* pour nous mettre dans l'ambiance. Hors de question d'écouter des programmes *du monde* à la radio aujourd'hui. La journée doit être consacrée à *Jéhovah* et à personne d'autre !
Nous roulons en direction du Havre où se tient l'*assemblée*. Le Pont de Tancarville est en vue.

-On arrive au péage ! Les enfants ? Vous avez bien tous vos badges ?

A 8 h 45, arrivée au stade du Havre. Début de la session dans une demi-heure. C'est la bataille pour trouver le programme des trois jours ! Ceux qui les distribuent sont submergés. Je joue des coudes dans la foule, me fraye un chemin, parviens à obtenir 6 programmes. Ouf ! Il s'agit maintenant de trouver un bon emplacement pour la journée, de préférence le plus en face possible de la tribune qui a été montée sur la pelouse, et à l'ombre, car nous sommes en plein été et les après-midis sont caniculaires dans ce stade. Les sièges des gradins, réservés habituellement aux supporters de foot, sont des blocs informes en plastique sans dossiers, inconfortables au possible. Et je vais passer les huit prochaines heures assis dessus sans bouger. Les *réunions*, c'est déjà long, les *assemblées*, c'est pire. Je m'efforce toujours d'investir le dernier siège de la rangée occupée par ma famille, le plus loin possible de mes parents. M'asseoir à côté d'eux signifiait être sous surveillance directe et permanente.

Pour me garantir un peu d'intimité et de tranquillité je pose mon cartable sur le siège vide voisin. J'évite ainsi le risque d'avoir à mes côtés un adulte un peu trop zélé qui se ferait un devoir de me servir à leur place les réprimandes que mes parents ne pourraient me faire.

Un brouhaha infernal règne dans le stade. Des milliers de participants discutent, s'interpellent, des bébés pleurent, des enfants appellent leurs parents, des parents grondent leur progéniture, les fameux « un deux, un deux » pour tester les micros : tout cela résonne et m'étourdit. Une musique retentit : la session va commencer. Il fait frisquet au petit matin dans les tribunes du stade. Je frissonne quand mes mollets frôlent le béton froid sous mon siège. Je pense à mon lit que j'ai quitté si tôt. Je sors mon bloc et mon stylo et je note sur la première page, avec grand soin, le thème de l'*assemblée* et le titre du premier discours. Ma bible est là. Je suis prêt. Je dois prendre des notes de tous les discours et mes parents veilleront à ce que je le fasse. Lorsque le premier orateur prononce les mots de bienvenue, le silence succède au bruit. Dix mille personnes se lèvent et chantent en chœur le *cantique*. Dix mille têtes se baissent, pour écouter la prière suivie d'un tonitruant amen à l'unisson.
Ces images m'impressionnaient. Comment ne pas se croire le peuple élu quand on participe à de tels mouvements de masse ?

La matinée est une succession de discours entrecoupés de *cantiques*. Les allocutions sont ponctuées d'interviews de certains membres « exemplaires ». Enfants comme adultes sont portés aux nues. On les invite à relater leur vie, à exposer leurs choix et décisions, toujours faits dans l'intérêt de la secte au détriment de leurs intérêts et désirs personnels. D'autres décrivent les difficultés liées à de terribles maladies… dans le détail ; disant bien que c'est *Jéhovah* qui les a aidé à tenir face aux souffrances et aux épreuves. Louanges au martyr…, propagande. Un tonnerre d'acclamations salue chacune des interventions. Moi aussi, j'applaudis à tout rompre. Plus on souffre, plus on est porté en exemple. Si je veux être admiré, je dois souffrir. Comme tous les autres assistants, c'est la conclusion que j'en tirais et qui m'influença ensuite pendant des années. Tout n'est qu'opération de communication pendant ces trois jours. Description de persécutions, guerres ou catastrophes naturelles subies par des *TJ* à l'étranger. Lectures de lettres et messages émanant du siège national des *TJ*. Rapports du dénouement favorable d'affaires judiciaires (évidemment pas un mot sur les procès perdus). Et surtout on nous signale que des boîtes à offrandes sont disposées un peu partout. Il y en a environ une tous les vingt rangs dans chaque travée.

-Pour les dons par chèque, mettez-les à l'ordre de l'ACTJF, Association Cultuelle des Témoins de Jéhovah de France. Les initiales suffisent. Je répète A...C...T...J...F

Le message sera répété à l'envie pendant les trois jours et dans les *congrégations* après l'*assemblée*, où l'on regrettera que les dons pendant l'événement n'aient pas suffit à couvrir les frais. Comme d'habitude !
Et sans transition on annonce :

-Les 13 564 congressistes de l'assemblée de Marseille vous adressent tout leur amour fraternel. Souhaitez-vous également leur transmettre le vôtre ?

Debout, j'applaudis, comme les 10 000 autres *TJ* autours de moi. Je me sens en parfaite osmose avec les autres assistants. Les chiffres sont essentiels chez les *TJ*. Tous rassemblements confondus, nous sommes près de 60 000 à être réunis en *assemblées* ce jour-là en France. Quelle démonstration de force ! Autant impressionnante pour les *non TJ* que galvanisante pour les adeptes. La matinée se termine à nouveau par un *cantique* et une prière. Je suis affamé et pendant la prière, je ne pense qu'au sandwich que je vais dévorer. Manque de chance, cette année, notre *congrégation* est affectée à la distribution de repas. Le service ne prend donc pas de temps sur les cessions de discours mais sur la pose de midi. Je n'aurais pas d'échappatoire pendant les cessions et mon temps de pose du midi va être réduit à rien. J'aide quand même papa, fièrement. Je tends les sandwichs. J'aide pour *Jéhovah*. Après tout, c'est ce qui compte ! Je parviens tout de même à me dégourdir un peu les jambes avant la reprise.

Un *cantique*, une prière, et les sujets se succèdent à nouveau mais dans une chaleur torride. Les éventails se déploient un peu partout. J'arrache une feuille de mon bloc pour m'éventer mais ça ne suffit pas. Et cette cravate qui me sert le cou ! Dommage que je n'ai pas le droit de l'ôter. Comme j'aimerais jouer torse nu dans le jardin ! M'asperger avec le jet d'eau ! Manger une bonne glace ! Mon esprit s'évade. Pas longtemps. Mon frère me rappelle à l'ordre d'une tape sur la cuisse. Au bout du rang, ma mère, penchée, les yeux sévères rivés sur moi, secoue la main d'un air menaçant. Je lis sur ses lèvres l'injonction habituelle.

–Suis !

Une dizaine de haut-parleurs géants ont été installés sur la piste d'athlétisme, face aux gradins. Chaque mot me parvient une dizaine de fois en écho. C'est dans un état second que je passe l'après midi, abruti par la chaleur et cette litanie qui me donne le vertige. En levant la tête en direction du toit du stade j'aperçois les immeubles tout proches. Beaucoup d'occupants sont accoudés aux balcons. Les enceintes ultra puissantes diffusent les discours non-stop. Suffisamment fort pour inonder le voisinage des discours qui pénètrent chez les habitants par les fenêtres ; la canicule obligeant à les garder ouvertes. De la *prédication* sans faire de porte à porte. Tout bénef ! Je regarde sans cesse ma montre, mais on dirait que le temps ralentit. Certains orateurs ont pris du retard. Après 6 heures d'écoutes, cloué à mon siège, je suis au supplice, mes jambes frappent nerveusement le béton du gradin. Enfin les applaudissements éclatent, plus forts que les précédents. Je ne suis peut être pas le seul à applaudir la fin de la session plus que la qualité de l'orateur. On annonce le nombre d'assistants, le matin puis l'après-midi, plus de 10 000. Une vraie ovation salue l'info de la journée, presque la plus importante. Un *cantique* est à nouveau entonné puis une prière prononcée. Celle-ci terminée, des applaudissements retentissent à nouveau. A qui sont-ils destinés ? Je me demande si ce ne sont pas les assistants qui se félicitent mutuellement d'avoir tenu si longtemps par cette chaleur.

Je n'ai qu'une hâte : rentrer à la maison et me mettre à l'aise, mais mes parents font durer le départ. Ils discutent avec

Nicolas, 25 ans, rescapé des Témoins de Jéhovah

d'autres assistants, prennent leur temps pour rassembler sacs et cartables.

-Vous êtes de quelle congrégation ?
-Nous sommes de Vires.
-Je suis venu donner un discours à Vires il y a quelques temps.
-A oui ? Et patati et patata

Banalités, banalités et banalités encore. Je ne tiens plus.

-Papa, Maman, on y va ?
-Tu nous embêtes, tu vois bien qu'on discute !

Ils n'imaginent pas ma fatigue et ma nervosité. Il nous faut presque trois heures pour regagner la maison et encore s'il n'y a pas d'embouteillages ! Et dire qu'il faut remettre ça demain ! Enfin, nous quittons le stade. Nous nous frayons un chemin dans la foule jusqu'à la voiture. À peine dans l'auto, j'arrache la cravate et déboutonne ma chemise.

-Nicolas, où est ton badge ? Tu le remets tout de suite ! Et reboutonne ta chemise, tu fais débraillé !

Ma mère nous remet les cassettes de *cantiques* dans l'autoradio ; elle est insatiable. Elle profite du trajet pour nous interroger sur ce que nous avons retenu du programme de la journée et se fait fort de mettre en valeur les points qui nous ont manifestement échappé et qui nous étaient pourtant destinés. Elle a pris des notes toute la journée. Elle ne s'arrête jamais.

Une fois à la maison, je crois mon calvaire terminé. Je me précipite dans ma chambre; troquer mon costume contre un short.

-Mais où vas-tu donc comme ça ?
-Je vais jouer dehors !
-Tu as une demi-heure. Après, tu rentres. On doit préparer l'étude de la Tour de Garde pour demain !
-...

Une grande partie de cache-cache a été organisée par les enfants du quartier, mais je suis contraint de décliner l'invitation. Et une demi-heure exactement plus tard, mon père m'appelle. Je rentre à contrecœur. Je vais chercher ma *Tour de Garde*, ma bible, ma règle et mon stylo et je vais m'asseoir autour de la table de la salle à manger, avec la famille. Et c'est reparti pour une heure. Au fur et à mesure de l'étude, je vois le jour décliner dehors. J'ai les larmes aux yeux. Je ne pourrais pas sortir une fois la nuit tombée. Il va falloir trouver autre chose pour me détendre. L'étude terminée, je m'installe devant la télévision.

-Tu éteins la télévision Nicolas !
-Pourquoi maman ?
-Le week-end doit être consacré à des choses spirituelles. Pas de télé ce soir.

Je regagne ma chambre tout penaud et frustré. Je mords ma couverture pour étouffer mes cris de dépit.

-A table !

Toute la famille s'installe pour le dîner. On mange mais surtout on reparle de l'*assemblée*.

-Intéressant ce discours sur...
-... et ce frère extraordinaire qui a survécu à cette maladie...
-Et ce jeune, pionnier à 13 ans. Il a fait l'étude à son prof de français qui est devenu TJ. Quel exemple !
-A ce propos, Nicolas, je compte sur toi pour être plus attentif demain. Je n'ai pas été fière de toi aujourd'hui. Tu n'as rien suivi. Tu étais tout le temps distrait. Et ton carnet de notes ne sert pas à dessiner. J'espère que tu vas revoir ton attitude. Maman veut pouvoir être fière de ses garçons. Tu m'as bien comprise ?

C'en est trop. Je quitte la cuisine laissant mon assiette pleine et cours me réfugier dans ma chambre, sourd aux injonctions de mon père :

-Reviens à table tout de suite !

Je claque fort la porte de ma chambre et me jette sur le lit. Enfin, je laisse éclater mes sanglots. Si je n'évacue pas toute cette tension, toute cette frustration, toute cette fatigue, je vais exploser. Je m'endors en larme, épuisé.

Nicolas, 25 ans, rescapé des Témoins de Jéhovah

Une heure plus tard, ma mère, en chemise de nuit, me réveille doucement et s'assoie au bord du lit.

-Ça va mieux ? Tu t'es calmé ?
-On a passé la journée à l'assemblée et j'ai même pas pu jouer dehors quand on est rentré. Pareil pour la télé ! Et puis après, vous m'avez disputé en plus.

Je me remets à pleurer. Elle me prend tendrement dans ses bras.

-Je sais que ça n'est pas toujours facile. Mais il n'y a qu'un week-end comme cela dans l'année. Tu ne crois pas qu'on peut faire un petit effort pour Jéhovah, juste un week-end dans l'année ? Ce n'est pas trop demander. Tu es en vacances. Tu auras tout le temps de jouer après l'assemblée. Mais pour ces trois jours, je voudrais que tu sois un gentil garçon et que tu penses d'abord à Jéhovah. Si tu as du chagrin, dis-le lui dans la prière et, tu verras, il t'aidera ! Allez, rendors-toi vite. Demain, tu n'y penseras même plus.

Elle m'embrasse et quitte la chambre. L'amertume n'est pas dissipée. Alors, je me courbe, la tête contre les genoux, les mains jointes contre mes tibias et je prie Jéhovah.

-Père Jéhovah, je viens vers toi par la prière parce que j'ai de la peine. C'est dur d'être sage à l'assemblée. J'ai du mal. Aide-moi pour que je sois un gentil garçon. Je veux que papa, maman et toi, vous soyez fiers de moi. Aide-moi à être plus attentif demain. Au nom de ton fils Jésus. Amen !

J'attends une réponse, ne serait-ce qu'un signe qui prouve que j'ai été entendu, mais rien. Épuisé par la journée, je me rendors finalement.

Le lendemain, le manège de la veille recommence. Mais il y a une nouveauté.

-Chers frères et sœurs, j'ai le plaisir de vous annoncer l'édition d'un nouveau livre « La Bible : parole de Dieu ou des hommes ». Ne sommes nous pas bénis par l'arrivée de ce nouvel outil pour faire d'avantages de disciples ? (tonnerre d'applaudissements)

Je n'attends qu'une chose ; tenir dans mes mains le nouveau trésor spirituel. D'immenses cartons ont été disposés en divers points du stade, pleins d'exemplaires de l'ouvrage. A peine la session est-elle terminée que tous les assistants fébriles se précipitent en jouant des coudes pour être les premiers et les mieux servis. Je fais de même. Adieu politesse, courtoisie, sourires et bonnes manières ! Je profite de ma petite taille pour me frayer un chemin entre les jambes des adultes. J'arrive au carton et arrache 6 exemplaires du livre dans la cohue. Je reviens tout fier aux sièges occupés par la famille. Mon frère est déjà là, avec 6 livres lui aussi. Il m'a pris de vitesse. Déçus, je donne les miens à d'autres assistants. La parution de nouvelles *publications* était tellement montée en épingle que, même gavés d'une journée de discours *TJ*, nous nous jetions tous sur cette nouvelle source de « *nourriture spirituelle* ». Pendant le trajet du retour, je dévorais ma nouvelle lecture dans la voiture. Les illustrations d'abord, les textes ensuite. De retour à la maison, je n'ai envie ni de jouer ni de regarder la télévision. Revivre la même soirée que la veille ne me dit rien.

Le lendemain, la fin du calvaire s'annonce. C'est la dernière journée d'*assemblée*. Son déroulement est strictement similaire à la première à une exception près : « le drame biblique ». C'est le moment le plus attendu de l'*assemblée*. Il s'agit d'une sorte de pièce de théâtre biblique interprétée en play-back par des *TJ* costumés. Tous les assistants sortent jumelles, appareils photo et caméras. Je sors mes petites jumelles. La musique retentit. Je suis tout ouïe. Ce jour-là, est joué l'épisode de la destruction de Jéricho. Sur la pelouse du stade, les décors ne sont pas flamboyants ; la muraille n'est qu'un bout de mur en carton-pâte. Mais avec un peu d'imagination, on y croit. Mon imagination, à moi, est fertile. La ville, la muraille, l'armée d'Israël encerclant Jéricho et les sonneries des trompettes... Je vois tout ! Rahab est avec ses proches, on entend le grondement de la muraille qui s'effondre. La peur gagne une femme qui veut sortir. Rahab tente de la retenir mais elle sort et tombe sur la pelouse du stade dans un grand cri, comme morte. Tous les figurants s'immobilisent et ce sont ceux du tableau moderne, une famille *TJ* type dans un salon, qui prennent le relais.

Nicolas, 25 ans, rescapé des Témoins de Jéhovah

–Tu vois David, cette femme n'a pas eu confiance ; elle l'a payé de sa vie. En revanche, Rahab, qui a cru les espions du peuple de Dieu, a été protégée par Jéhovah et a survécu. Qu'en penses-tu ?
–Eh bien que nous devons, nous aussi, avoir confiance dans les conseils donnés par l'organisation qui représente Dieu sur Terre ; nous serons alors sauvés lors d'Armageddon, comme Rahab lors de l'attaque de Jéricho.
–C'est bien mon chéri !

Je n'en perds pas une miette. L'image de cette femme s'écroulant face contre terre sur le gazon n'en finit pas de me hanter. Si je n'obéis pas, c'est ce qui m'attend. Je dois être sage et obéissant pour ne pas périr à *Armageddon*.

L'*assemblée* se termine par un bilan des trois jours. On insiste bien sur le grand nombre d'assistants qui atteste bien que nous sommes le peuple élu de Dieu, *Jéhovah*. Il n'omet pas non plus de faire état des dépenses engagées et des recettes, toujours insuffisantes. Il faut remettre la main au porte-monnaie avant de partir. La fin du discours n'est qu'invitation à l'action et galvanisation.

–Chers amis, ne sommes nous pas bénis par ce riche repas spirituel depuis trois jours ? (applaudissements). *Ne sommes-nous pas heureux et fiers de faire partie d'une si belle famille de frères dans la foi ?* (applaudissements)

Dans cet enthousiasme collectif irréfléchi, j'éprouvais une étrange sensation. Je ne pensais plus « Je » mais « Nous ». Je n'étais plus dans *la Vérité*. Nous étions dans *la Vérité*. Nous étions *la Vérité*. Il n'y avait plus rien à prouver pour moi. Je faisais partie de cette pensée unique et universelle et cela pouvait justifier tout. J'avais 5 ans.

Trois semaines plus tard, une *réunion* est consacrée à la révision du programme de l'*assemblée*. Comme tous les autres *TJ*, je ressors mon bloc-notes spécial *assemblée*. Je le relis pour me remettre dans le bain. Il faut être bien certain de ne rien avoir laissé passer. Comme je n'ai pas été très régulier dans ma prise de notes durant les 3 jours, le contenu de certains discours m'a échappé. D'autant que de nombreuses pages de mon carnet ne comportaient que le titre du sujet ; beaucoup étaient gribouillées de croquis, signes de l'ennui profond qui avait été le mien. Qu'à cela ne tienne ! Ma mère, toujours parfaite, a pallié tous mes manques. Elle a consciencieusement pris des notes presque exhaustives pour chacun des thèmes développés et me passe son bloc pour que je révise correctement. Je suis fasciné par ses résumés et l'élégance de son écriture. Ses notes sont, en tous points, exemplaires. Comme elle. Tout est cadré, balisé, hiérarchisé. Je trouve, dans la succession de lignes, d'abréviations et de références, une harmonie visuelle captivante. J'aimerais tant faire aussi bien !

Les révisions ne sont pas seulement réservées au programme de l'*assemblée*. Tous les trois ou quatre mois environ, une révision des sujets de *l'École du Ministère Théocratique* est prévue. Le lundi précédent la *réunion*, après être rentré de l'école et après avoir terminé mes devoirs, je dois préparer *la révision*. Je vais chercher un à un les lourds volumes servant de base. Je note sur une feuille volante le fruit de mes recherches. Je ne dois surtout pas les écrire sur le questionnaire mais les mémoriser pour le lendemain. Ainsi, je gravais les préceptes de la secte dans mon esprit. Le jour dit, nous avons une demi-heure pour compléter le questionnaire. J'écris à toute vitesse les réponses apprises par cœur la veille. Et, tout fier, je pose mon stylo un quart d'heure avant la fin du temps imparti. Si, à l'instar de mes parents, je n'étais pas encore exemplaire en tout, j'avais déjà la furieuse envie de le devenir !

Alléluia ... Amen ?

Nicolas, 25 ans, rescapé des Témoins de Jéhovah

CHAPITRE 7
Rêve de gosse

Pour être la fierté de *Jéhovah*, de ma famille et de ma *congrégation*, je sais comment m'y prendre quand je serais grand : *consacrer ma vie à Jéhovah*. Dès la fin de mes études, à 18 ans, je passerai une année au moins à *la Prédication à plein temps*. Je *prêcher*ai 30 ou 40 heures par mois. Ensuite, j'entrerai quelques années au *Béthel*, le siège national. C'est comme la maison de Dieu ! Je passerai tout mon temps uniquement avec des *frères* et *sœurs* dans la foi à travailler bénévolement pour *l'Organisation*. Imprimerie, traduction, transport, conditionnement, nettoyage, cuisine, repassage, je serai mis à contribution dans toutes les tâches possibles. Toujours pour aider. Le rêve ! Après, j'irai soutenir l'expansion des *TJ* dans une région où il y en a peu. Je prendrai un travail à mi-temps et *prêcher*ai le reste du temps. Peut être même participerai-je à fonder une nouvelle *congrégation*. Je verrai même peut être la *Salle du Royaume* se construire des mains des gens que j'aurais amené à se faire *baptiser TJ*. Quelle fierté ! Du coup, je prendrai tellement goût aux travaux de construction, que j'entrerai dans *le comité de construction* de *la Société*. J'irais partout en France, bénévolement, aider à construire de nouvelles *Salles du Royaume*. Quelle ambiance se sera à chaque fois ! Je serai alors mûr pour tenter *le service de Missionnaire*. J'apprendrai une ou plusieurs langues. Puis je prendrai l'avion pour Brooklyn aux États-Unis. Là j'irai au siège mondial des *TJ*. Je postulerai à *l'école de Guilead* et passerai deux ans à *prêcher* et à étudier les *publications* de la *Watchtower*. Des journées entières plongé dans les volumes bien reliés, entouré d'autres *TJ*. Ça sera le bonheur c'est sûr ! Je serai diplômé et envoyé dans un pays étranger, sans doute l'Afrique ou la Chine, là où il y a des perspectives

Nicolas, 25 ans, rescapé des Témoins de Jéhovah

d'expansion. J'arriverai sur place dans une *Maison des Missionnaires* où il n'y aura que des *TJ* étrangers comme moi. Je passerai mes journées à *prêcher*, à conduire des *études bibliques*, à convertir. Le soir venu, j'étudierai des *publications* pour être encore mieux armé pour le lendemain. Je ne reviendrai peut être qu'une fois tous les deux ans dans ma famille, mais quel bonheur de faire un tel sacrifice pour *Jéhovah* ! Et quelle fierté pour mes parents ! A 40 ans, je reviendrai dans la ville de mes parents. Ils m'hébergeront pendant quelques mois, le temps pour moi de trouver un petit emploi. Ce sera dur, je n'aurai aucun CV à présenter, aucune qualification. Mais qu'importe, *Jéhovah* pourvoira à mes besoins ! Et surtout, je serai en bonne place pour la *vie éternelle*. Avec tout ce que j'aurai donné. Dans ma nouvelle *congrégation*, je deviendrai vite *assistant ministériel*, puis *ancien*. Je me marierai avec une jolie *TJ*. On *prêchera* ensemble. On sera des modèles pour la *congrégation*. On aura des enfants qui seront exemplaires, sages, et qui s'investiront très vite dans les activités spirituelles. Je serai si bon orateur, qu'on me demandera de faire des sujets dans de nombreuses *congrégations*. Je finirai par être demandé pour faire des discours lors des *assemblées*. Mes qualités reconnues on me proposera de devenir *Surveillant de Circonscription*. Je partirai à nouveau de chez moi, mais cette fois avec ma femme et ferai le tour des *congrégations* de France pendant quelques années. Puis je deviendrai *Surveillant de District*, le niveau au dessus. Enfin je retournerai, à nouveau au *Béthel*, mais comme dirigeant de l'activité des *TJ* pour la France. Je recevrai mes consignes directement des dirigeants de Brooklyn. Un peu comme si Dieu me donnait les ordres. Alors *Armageddon* pourra arriver. Je ferai évidemment partie des survivants et je participerai avec les autres *TJ* à faire de la terre un *paradis*. Je deviendrai immortel et me mettrai à rajeunir jusqu'au physique de mes 18 ans. J'assisterai à la résurrection de tous les morts depuis le début de l'humanité. Il faudra que j'aide les autres *TJ* à leur expliquer ce qu'est devenu le monde depuis leur mort et ce qu'ils doivent faire pour *vivre éternellement* dans le *paradis*. Ceux qui refuseront seront détruits, à nouveau. Je vivrai alors dans un monde merveilleux peuplé de *TJ*, sans haine, sans mal. Tout le monde s'aimera. Les enfants joueront avec les bêtes sauvages qui seront comme apprivoisées. Les animaux ne se mangeront plus entre eux, ils seront tous herbivores. Tout le monde aura comme moi une belle maison, un jardin,

de la nourriture à foison. Pendant 1000 ans j'accéderai progressivement à la perfection mentale et physique. *Jéhovah* libérera alors Satan pour donner une dernière épreuve aux habitants du *paradis*. Ceux qui échoueront seront détruits avec le Diable, définitivement. Je ferai évidemment parti des survivants et je vivrai... éternellement...
Quelle vie merveilleuse je vais avoir !

Nicolas, 25 ans, rescapé des Témoins de Jéhovah

CHAPITRE 8
Jeux interdits

En même temps que je commençais à maîtriser le langage sectaire je prenais progressivement conscience de mon isolement, notamment à l'école. Ma mise à l'écart ne concernait pas seulement les fêtes. Je réalisais surtout que mes petits camarades ne menaient pas la même vie que moi. Ou était-ce l'inverse ? Nous vivions dans des mondes parallèles. À eux les festivités, la liberté et l'insouciance. À moi, les études sectaires permanentes, intensives et les interdits !

-Tu veux venir jouer chez moi ?
-Je peux pas, je n'ai pas le droit !
-Je peux te prêter mon jouet, si tu veux ?
-Non ! Je me ferais gronder, je n'ai pas le droit !

Mes échanges avec les copains de classe se résumaient à ces phrases. Je m'infligeais une autocensure systématique, cruelle et frustrante, initiée par la secte. Mais au fait, à quoi avais-je droit ? A rien, pour ainsi dire. J'avais interdiction formelle de pénétrer dans les maisons des enfants du voisinage parce qu'ils n'étaient pas *TJ*. Je n'étais autorisé qu'à jouer sur les terrains extérieurs de leurs maisons, uniquement s'il n'était pas nécessaire de passer par l'intérieur pour y avoir accès. C'était déjà presque une infraction aux commandements que mes parents nous autorisaient là. Parfois, la tentation était la plus forte, totalement désarmé devant la question la plus simple du monde, à laquelle je ne pouvais répondre.
-Pourquoi ?

Nicolas, 25 ans, rescapé des Témoins de Jéhovah

Il m'arrivait donc, à cours d'arguments, d'entrer chez eux en cachette de mes parents ; cette escapade avait le goût exaltant du danger. Toujours sur le qui-vive, je ne m'éternisais pas car toutes les demi-heures mes parents m'appelaient pour vérifier que je n'étais pas chez un voisin. Ils partaient du principe que dans la rue je pouvais les entendre, pas dans les maisons. Lorsque je transgresse la règle, je joue avec mes amis, l'estomac noué. Je risque gros si mes parents le découvrent ! J'ai peur chaque fois de voir débarquer l'un de mes parents tout sourire chez les voisins. Une fois à la maison le sourire tomberais et la punition aussi. L'accueil des voisins est toujours chaleureux et je m'en étonne à chaque fois ; ne sont-ils pas censés être méchants ? Encore une ruse de Satan sans doute ! Et moi aussi je ruse. Je tends l'oreille. Au moindre appel de mes parents, je quitte précipitamment les lieux et fais mine de revenir d'un autre endroit, mensonge à l'appui. Ces expéditions secrètes – cinq en dix ans ! m'ont permis d'oser visionner des films en cachette de mes parents. 20 000 lieues sous les mers, L'aventure intérieure, Le petit dinosaure et la vallée des merveilles et Les 12 travaux d'Astérix. Je m'en souviens bien car à la maison je n'aurais jamais pu les voir. Les interdits seraient tombés très vite ; 20 000 lieues : trop violent, l'aventure intérieure : trop scientifique, le petit dinosaure : trop peu créationniste et les 12 travaux : paganisme des dieux antiques inacceptable. Pendant toute la durée du film, je me ronge : Est-ce que ma mère me cherche ? Mes parents se sont-ils rendu compte de mon absence ? Dans de telles conditions, je ne suis pas le spectateur le plus détendu, mais je savoure d'autant plus ces instants de liberté volés !

Si je n'avais pas le droit d'entrer chez les autres, ils n'étaient pas d'avantage les bienvenus chez moi. Mes parents veillaient à ce que l'on ne fasse pas pénétrer le Diable chez nous. Inviter un petit voisin à jouer sur la pelouse tenait de l'exploit. Tôt ou tard, mes parents, tout sourire, le poussaient vers la sortie.
-Nous ne voulons pas que tu ramènes des gens du monde à la maison ! C'est bien compris ?

Message reçu ! À de rares occasions, sur ma demande insistante, des voisins purent venir jouer chez moi, toujours à l'extérieur et jamais plus d'une heure. Mes parents avaient posé leurs conditions. Ainsi, aucun camarade ou petit voisin n'a jamais vu ma chambre jusqu'à mes 14 ans. Il n'y avait pas grand-chose à faire dans le jardin. J'étais de plus placé sous haute surveillance, car une fenêtre ouverte permettait toujours à mes parents d'entendre ce qui se disait. Un gros mot ou un sujet tabou et aussitôt surgissait à la fenêtre la tête de papa ou maman. Sourcils froncés et regard sombre me signalaient que la visite avait assez duré. Une fois les indésirables raccompagnés avec diplomatie, le masque de gentil voisin accueillant de mes parents tombait.

– Tu vois bien qu'ils ne sont pas fréquentables. Non, mais tu as entendu leur langage ? Tu penses qu'il est convenable pour un chrétien ? Tu devrais être assez grand pour savoir qui tu peux fréquenter. Tu crois que cela aide à être un bon chrétien et à garder des pensées pures ? Tu nous déçois, vraiment. Il est hors de question que ces enfants reviennent. Tu sais bien ce que dit la Bible. Les mauvaises fréquentations ruinent les habitudes utiles. Les propos grossiers ne devraient pas être prononcés dans la maison d'un chrétien. Alors, quel besoin as-tu de faire venir chez nous des enfants mal élevés qui ont une mauvaise influence sur toi ? Hein !

La culpabilité m'envahissait, m'étouffait. J'étais censé être un bon petit *Témoin de Jéhovah*. Et pour mes parents je ne donnais pas, à l'extérieur, une bonne image de moi, donc des *TJ*. Ces expériences étaient si stressantes et douloureuses au final, que je finis par m'interdire moi-même de tenter de les réinviter. Pour ne pas avoir à subir ça encore.

À la maison aussi, tout ce que je regarde à la télévision, ce que je lis, la façon dont je joue, la musique que j'écoute, ce que je dessine... tout est sujet à remontrances. Ne plus être réprimandé équivaut à se priver de tout. La télévision est chez nous en ligne de mire. Si je suis surpris en train de regarder un programme prohibé, l'interdiction est sans appel et pour toute la journée ! Le moindre signe, la plus petite idée qui semblerait mettre en péril les principes de la secte sont passés au crible de la censure. Regarder un film en famille relève du supplice. Un baiser un peu trop long, un gros mot ou une simple allusion au sexe et la soirée tourne court : on nous demande de nous cacher les yeux ou carrément d'aller nous coucher.
Ma mère, très respectueuse de l'idéologie, est obsédée par le jugement des autres *TJ*. Un jour, mon père rentre à la maison

Nicolas, 25 ans, rescapé des Témoins de Jéhovah

avec un décodeur pour enregistrer le dessin animé « Brisby et le secret de NIHM. ». Nous allons nous coucher pendant l'enregistrement et à peine ais-je ouvert un œil que je me précipite au salon avec mon frère. Mais maman, dans sa suspicion permanente, a déjà visionné le film et constaté dès les premières minutes la présence d'un rat pratiquant la magie. Tout ce qui a trait au spiritisme ou à la sorcellerie est prohibé, même dans un dessin animé. Avance rapide. Protestations de Frédéric et moi.

−Maman on ne va rien comprendre sans le début !
−C'est comme ça où j'arrête le film !

Bien obligés de nous soumettre. Revenu plus tard discrètement au salon, j'introduis la cassette dans le magnétoscope pour combler le vide, mais le rat a disparu. Le film aussi ! Ma mère a effacé le dessin animé, sitôt après que nous l'ayons vu, pour éviter que nous regardions la fameuse « scène choquante ».
« *Laisser ce genre d'image entrer dans sa maison, c'est comme ouvrir sa porte au Diable !* »
Combien de fois ai-je entendu cette réflexion ? A chaque fois qu'il était question de visionner une émission ou un film, de lire des revues et des livres, d'écouter de la musique, d'acheter des vêtements, de rencontrer d'autres personnes, de prêter attention à des paroles, des comportements pas strictement estampillés « made in *Watchtower* ». Cela en faisait des choses diaboliques !

Quand j'ai 8 ans, c'est la grande mode des dessins animés japonais. Tous mes copains de classe les regardent. Moi non. Persuadés par la secte que manga rime avec violence et sexe, mes parents nous les interdisent. Les films d'animation qui traitent du sport, sont à mettre dans le même sac. Conformément aux injonctions de *La Tour de Garde*, ils magnifient l'esprit de compétition ; ce qui ne sied pas aux chrétiens selon la secte. J'en regarde quelques-uns en douce, un peu coupable. Je parviens à tromper leur vigilance et à voler des petits moments de liberté. Avant de m'endormir, je demande pardon à *Jéhovah* dans ma prière du soir. Lui, il sait forcément que j'ai désobéi.

Je voudrai m'investir dans une discipline sportive en club. Mais ce type d'activités a tous les défauts : coûteux en temps

et en argent, favorisant les contacts avec des *non Témoins*. Sans parler des sports soi-disant violents (karaté, judo escrime,...) ou dont la philosophie flirte avec d'autres mouvements de pensée (jiu-jitsu, taï-chi, yoga,...). Quand je passe devant les baies vitrées du club de judo. Je sais que je ne pourrai jamais rejoindre les élèves et enfiler, comme eux, le kimono.
Mais après tout, qu'est-ce que ça peut faire ? Tous ces judokas seront morts quand moi je goûterai au bonheur de la *vie éternelle* au *paradis* !

Et puis, je ne suis pas privé de tout. La musique classique n'est pas considérée comme dangereuse pour notre spiritualité. Frédéric prend des cours de flûte traversière. Dans mon désir permanent de l'imiter, je veux aussi jouer d'un instrument. Ce sera la clarinette. Je me débrouille bien. J'envisage une carrière musicale. Mes parents sont partants !
-Ce serait merveilleux que tu intègres l'orchestre du Béthel qui enregistre les cantiques !
Puisque c'est le seul rêve autorisé, je ne vais pas faire la fine bouche. Mes parents seront fiers de moi et je ferai plaisir à *Jéhovah*.

Parlons-en de la musique ! En dehors des *cantiques*, je n'avais pas grand choix. Ma collection de disques et de cassettes était très modeste. Les tubes anglo-saxons étaient boycottés, hormis les gentils The Carpenters ou Simon and Garfunkel ! Ecouter des chansons étrangères, c'était courir le danger de se laisser polluer l'esprit par de mauvaises pensées formulées dans une langue que l'on ne maîtrise pas. Un jour, pourtant, j'ose rapporter chez moi des cassettes prêtées par un camarade de classe. Concert moderne dans ma chambre. La porte s'ouvre avec fracas.

-Qu'est-ce que c'est que cette musique ? Tu me donnes ça tout de suite !

La fête a été de courte durée. Une fois encore, j'ai le sentiment qu'on me coupe les ailes. La vie, ma vie n'est que frustration. Je ne l'exprime même pas, connaissant à l'avance la réponse et les arguments fournis par la secte à mes parents. En fait, je comprends leur peur d'être pris en défaut. Alors, pour parer à tout, ils jouent la prudence. Dans le doute, ils interdisent,

Nicolas, 25 ans, rescapé des Témoins de Jéhovah

ils confisquent, ils suppriment, ils bannissent ! Ainsi, ils minimisent les risques. Je ne suis pas bien grand, mais je partage déjà cette tournure d'esprit. A tel point qu'il m'arrive d'anticiper la réaction de mes parents et d'étouffer mes envies, avant même qu'elles ne s'installent et ne me torturent de ne pouvoir être satisfaites.

J'ai manifestement la fibre artistique mais on ne m'incite pas beaucoup à développer mes talents, et encore moins à faire carrière avec dans *le monde*. Seuls comptent la secte et le dévouement de ses adeptes. Il est donc normal que je mette mes dons au profit de la secte. Et le seul que je sois poussé à développer c'est le don pour la *prédication* et l'enseignement de la rhétorique de la secte.
Ma famille et leurs amis *TJ* ont bien constaté que je dessine de mieux en mieux et ils ont déjà leur petite idée.

–Comme ce serait merveilleux que tu ailles au Béthel, plus tard, pour peindre les illustrations des publications de la Watchtower !

J'avais déjà entendu ça. Là encore, comme pour la clarinette, je ne suis pas contre. Si je peux faire plaisir à mes parents et à *Jéhovah*. Ce que j'ignore alors, c'est que cette tâche aurait été exécutée à titre honorifique et gracieux. Pas question de cotiser à la sécu ni pour la retraite, encore moins d'avoir un droit de regard sur mes « œuvres ». La vie d'artiste est incompatible avec les *TJ* ! Je le vérifierai à chaque fois que j'évoquerai un éventuel plan de carrière dans le domaine des arts, pas en rapport direct avec la secte. Aussitôt, mes parents se braquent. S'affolent. Ces milieux artistiques représentent pour eux un réel danger et ma foi risque de s'en trouver affaiblie. Ainsi, mon désir de me consacrer à la réalisation de dessins animés fut-il critiqué de même. Si, comme me l'expliquent mes parents, Dieu réprouve que je les regarde, il ne va pas m'encourager à les fabriquer. *Jéhovah* est exclusif et jaloux ; il ne tolère pas que l'on s'intéresse à une autre personne que lui. Il faudra donc être malin pour réussir à faire un peu ce dont j'ai envie.

Le Collège arrive et avec lui l'heure des premières booms où l'on s'éclate sur de la « Dance » ou des slows, en sirotant du coca. Personne ne s'en étonnera, elles aussi sont prohibées. La secte les interdit en présentant ce genre de soirées comme des lieux de débauche où drogue et alcool circulent et où les ados se livrent à la fornication. A 14 ans, s'il vous plaît ! Mes parents m'interdisent invariablement les booms. Et il est bien difficile de résister à l'envie d'y participer ! Je vois les invitations s'échanger en classe. Il n'y en a jamais une pour moi. Tout le monde sait que je n'ai pas le droit alors pourquoi m'inviter. De retour à la maison, je demande quand même.

–Nicolas, tu cherches vraiment les ennuis ! Tu crois vraiment que participer à ce genre de soirées convient à un vrai chrétien ? Tu sais ce qui s'y passe. Tu sais à quel point c'est malsain et tu veux quand même y aller ? Tu veux participer à des soirées du monde où tu vois bien que l'influence du Diable est omniprésente. Tu veux vraiment te mettre en danger à ce point ? C'est non ! Tu n'iras pas. Inutile d'insister.

J'insiste pourtant. On ne sait jamais ! Je me heurte au même refus. Chaque soir de fête, je déprimais. Je me sentais frustré, incompris, malheureux. Je me traînais dans la maison, la mine défaite pour bien faire sentir à quel point leur décision me rendait triste. Je ne leur adressais pas la parole.
Tout ce que j'obtenais, c'était :

–N'avons-nous pas déjà réglé la question, Nicolas ? Le sujet est clos. Va t'occuper dans ta chambre et arrête de faire cette tête. Tu n'as pas une réunion à préparer ?

Mes copains s'amusaient et moi, je devais étudier. Des larmes coulèrent plus d'une fois sur les revues. J'appris, le lendemain d'une de ces soirées, que ma mère avait pleuré toute la nuit, craignant d'avoir été trop dure avec moi. Constamment sous pression, elle craignait d'être une mauvaise mère. Tiraillée entre l'amour maternel et l'amour de *Jéhovah*, elle souffrait. Du coup je culpabilisais de l'avoir rendu triste avec mon caprice. Maintenant je sais ce qu'elle a dû endurer à cause de la secte.

J'ai pourtant bien cru, l'année de mes quinze ans qu'ils allaient céder. Cette fois un camarade me remet une invitation nominative pour son anniversaire. On a pensé à moi, incroyable ! Le refus de mes parents est couru d'avance, alors je décide, avec mon camarade, de tricher et de leur faire croire qu'il ne s'agit que d'un goûter récréatif. La fête, prévue dès 16 h, rend

Nicolas, 25 ans, rescapé des Témoins de Jéhovah

l'hypothèse plausible. La mère du copain, dans la confidence, demande à mes parents la permission de m'inviter. Au téléphone, ils sont coincés et n'osent pas lui dire que faisant partie *du monde* ils la considèrent comme dangereuse. Ils sont pris à leur propre piège, forcés de donner l'image de bons citoyens courtois et non d'individus associables et supérieurs. Je suis tout excité à l'idée de ma victoire. Une nuit et une journée de réflexion plus tard, ils ont pris une décision. Solennellement, ils me demandent de venir dans la pièce de travail de ma mère et m'invitent à m'asseoir. Eux restent debout en face de moi. Leur embarras est palpable.

-Nous avons été obligés d'accepter. Tu vas y aller à certaines conditions : tu n'y resteras que deux heures et nous passerons à l'improviste.
-Mais ...
-C'est à prendre ou à laisser !

C'est mieux que rien. Je prépare soigneusement mon mensonge avec mon copain de classe. S'ils soupçonnent une boom, je suis cuit. Le jour J arrive. Ma mère, stressée et inquiète, a le sentiment de me mettre elle-même dans les griffes du diable.

-Si l'ambiance dégénère, tu m'appelles et je viens te chercher. Je compte sur toi pour faire preuve de discernement et ne pas te laisser entraîner à faire des choses que ta conscience ne t'autorise pas à faire. Je n'aime pas ça du tout. Promets-moi que tu feras attention !
-Oui oui maman !

J'acquiesce mais j'ai d'autres choses en tête : la fête qui s'annonce et surtout le cadeau d'anniversaire, que je n'ai toujours pas. Si j'avais acheté un cadeau à l'avance, ma mère aurait tout de suite fait le lien avec un anniversaire. En deux temps trois mouvements, pendant qu'elle fait un saut à la pharmacie, j'achète une cassette vidéo sur les avions de chasse chez le marchand de journaux. J'y mets toutes mes économies. Je cumule vraiment. Non seulement j'achète un cadeau, mais en plus en relation avec la guerre, sujet banni chez les *Témoins de Jéhovah*. Dans la voiture, je cache le sac sous mes pieds mais elle le voit et je suis bien obligé de lui montrer le contenu. Il s'en faut de peu qu'elle me ramène à la maison tant elle est choquée par mon choix de cadeau. Je bredouille que je ne

Jeux interdits

pouvais pas arriver les mains vides. Que penserait sa mère ? La mienne est tellement obnubilée par le regard des autres que l'argument fait poids et elle tolère mon écart.

Arrivé chez mon camarade, je suis accueilli par d'autres copains et la mère de mon hôte, laquelle se fait fort de rassurer la mienne. Une table a été dressée, bien en vue, à l'extérieur. C'est un leurre pour faire croire au goûter. Ma mère tourne les talons et hop tout le monde rapplique dans la maison où la fête est prévue. Je suis ému. C'est la première fois que j'ai l'impression d'exister, d'échapper à la pression permanente, d'être un peu libre de goûter rien qu'un instant à une vie d'ado normale. La mère du copain fait le guet pour prévenir la visite surprise promise. Je suis un peu tendu à l'idée de les voir débarquer et surtout qu'ils découvrent la supercherie. Deux heures plus tard, ma mère revient me chercher, comme prévu. Je rate le gâteau d'anniversaire mais, au moins, j'aurais participé à la fête. C'est mieux que rien. Sur le chemin du retour, j'invente le déroulement du goûter pour ma mère. Et me fait fort de lui dire que tout s'est merveilleusement passé. Le Diable ne s'est pas montré. Elle ne semble pas convaincue. Il était surement bien caché mais sous de belles apparences. Hors des *TJ* point de sincérité.

Je ne suis pas, non plus, autorisé à participer aux voyages scolaires s'ils excèdent vingt-quatre heures. S'il m'arrivait un accident nécessitant une transfusion sanguine, mes parents seraient trop loin pour arriver à temps et quelqu'un d'autre n'hésiterait pas à donner le feu vert pour que je sois transfusé. Cette perspective est, pour eux, inacceptable. Je rate ainsi une semaine de classe de neige en cinquième et un voyage d'une semaine en Provence en quatrième. Chaque fois, je suis le seul et unique élève de la classe à ne pas y aller. Pendant que mes copains s'amusent, je me rends tous les matins au collège en salle d'étude pour faire seul mes devoirs. Je passe mon temps à imaginer leur programme, leurs amusements, leur complicité. L'après-midi, je peux rentrer chez moi. Morose, je me traîne dans la maison. Ma mère a toujours la même solution pour chasser ma déprime.

–Allez, viens ! On va aller prêcher ensemble, rien que tous les deux. Tu verras, ça ira mieux après.

Nicolas, 25 ans, rescapé des Témoins de Jéhovah

Non, ça n'ira pas mieux après. *Jéhovah* et la *prédication*, je n'en veux pas. Pas pour ça. Elle aurait pu me proposer, je ne sais pas, un ciné, une sortie, une ballade. Mais non, elle ne pense qu'à *Jéhovah*. J'ai envie de pleurer. Je me sens tellement impuissant à changer cette vie où je n'ai droit à rien. Où je ne suis rien.
Au retour de mes camarades, c'est pire. Leur enchantement me fait mal. Ils se livrent aux récits des lieux visités, des divertissements, des moments drôles, des soirées ... Et moi, qu'ai-je à raconter ? Me vanter d'avoir passé plusieurs après-midi à *prêcher* avec ma mère ? Je doute que cela les intéresse. Là encore, c'est une bonne manière de m'exclure. J'étais absent. Je n'ai rien partagé. Et personne ne semble le regretter. Je ris avec eux de leurs plaisanteries en référence au voyage, sans les comprendre. Je me sens perdu, ignoré. Mais je continue à être un parfait petit *Témoin*, insoupçonnable de mes envies de ne plus en être un dans ces moments là. Pas pour le plaisir de transgresser les règles de la secte, mais pour survivre. Lorsque je m'investis dans la secte, je suis applaudi et cité en exemple. Cette mise en valeur que je recherche ardemment est autant pour moi une carotte qu'un moyen de ne pas attirer les soupçons sur ma double vie. Mon statut d'enfant modèle me garantit la tranquillité.

Combien de fois ai-je rêvé de quitter le mouvement ? Mais ma mère en mourrait, j'en étais persuadé. Et j'aurais été abandonné par ma famille et mes amis membres de la *congrégation*. En effet, si j'avais quitté la *congrégation*, volontairement ou par *exclusion*, j'aurais immédiatement été soumis à ce chantage affectif : rester ou perdre tous ceux que j'aimais. Comme tous les *TJ*, je répétais, depuis tout petit, à qui voulait bien l'entendre que chez les *TJ* « *Chacun est libre de rester ou de partir, c'est là son libre choix...* ». Peut-on cependant parler de liberté quand on me menace d'être privé des êtres aimés si je quitte la secte ? Une fois dehors, je n'aurai personne vers qui me tourner. Comme la plupart des gens, je ne peux pas supporter cette idée de solitude et de privation. La perspective de cette punition est une torture morale. L'amertume, certes, me fait passer des heures sombres, mais elle finit toujours par se dissiper quand je pense au *paradis*. Ces concessions, ces privations, ces sacrifices ne m'y conduiront-ils pas tout droit?

CHAPITRE 9
La mort dans l'âme

J'ai 11 ans. Après une dizaine d'années passées à Livarot, mes parents se décident à déménager pour retourner près de Lisieux, à Hermival-les-Vaux. Il y a des frictions entre mon père et un autre *ancien* de la *congrégation* de Livarot. Comme dans tout système hiérarchique, les luttes intestines sont présentes. Qui sera le plus important ? Le plus influent ? Le vainqueur de ces querelles épuisantes ? L'ambition appelle l'ambition et le pouvoir d'avantage de pouvoir. A Livarot, mon père déclare forfait. Nous faisons donc désormais officiellement partie de la *congrégation* de Lisieux comptant près d'une centaine d'adeptes. Les proportions changent. Il y a beaucoup plus d'enfants, d'adolescents, d'*anciens* et de *pionniers*. Davantage de surveillance et de pression aussi. Nous étions une famille influente à Livarot. Mais plus à Lisieux. Etant nouveaux nous devons faire nos preuves. D'autant que le souvenir de *l'exclusion* de mamie est encore dans les esprits. Nous devrons payer pour elle. Mon père, *ancien* à Livarot, aurait du naturellement l'être à Lisieux, mais on l'en empêche. Il sent bien qu'il va devoir repartir de zéro. Moi aussi je suis mis sur la sellette pour des broutilles. Je le vis comme une humiliation familiale. Je ferai, dès lors, tout mon possible pour venger l'injure. Et j'y parviendrai !

Un jour, une *TJ* nous rend visite à l'improviste... elle prêchait dans les environs. Je suis avec mes deux sœurs Magali et Sonia en train de regarder « La petite Sirène » de Disney dans le salon. Elle reste en arrêt devant la télévision, nous toise du regard et s'insurge auprès de ma mère

Nicolas, 25 ans, rescapé des Témoins de Jéhovah

-Comment peux-tu les laisser regarder de telles horreurs ?

Sorcières, magies, tout cela était interdit. Comme pour le dessin animé Brisby des années plus tôt la censure tombe. Et ma mère est défaite. Elle a été surprise en plein délit de permissivité. Elle s'était un peu adoucie sur les dessins animés. Mais cette visite la remet en selle.

-Bon, les enfants, vous n'avez rien d'autre à regarder que ces histoires de magie ? Allez jouer dans vos chambres. Allez ! Vous avez préparé votre réunion de demain ?

Et c'était reparti. Il fallait redresser vite le tir devant la plaignante pour ne pas que l'épisode fasse le tour de la *congrégation*. Chez les *TJ*, la délation tient lieu de discipline sportive et ma mère en a une grande peur. Il faut donc une démonstration d'autorité immédiate. Dès lors, cette femme qui nous avait gâché notre dessin animé, me surveillera constamment du coin de l'œil à la *Salle du Royaume* et fit de moi la cible privilégiée de ses critiques.

Quelque temps plus tard, un mariage est célébré dans la *congrégation*. Je passe la soirée à chahuter sympathiquement, avec son mari, *non TJ*. Le lendemain, un *ancien* me rappelle à l'ordre.

-Il y a eu des plaintes contre toi. Tu as eu une mauvaise attitude pendant le mariage.
-Je ne comprends pas, qu'est-ce que j'ai fait ? Personne ne m'a disputé pour une fois.
-Tu ne te rappelles pas avoir chahuté avec quelqu'un ?
-Si, mais...
-Sa femme n'est pas contente. Comment veux-tu qu'elle parvienne à le gagner (à le faire devenir TJ) si on est gentil avec lui, si on lui donne alors qu'il n'est pas TJ toute l'amitié qu'il pourra avoir en l'étant.
-...
-Elle demande à ce que tu ne l'approches plus.

J'avais une boule dans la gorge. Je devais donc reprendre mon amitié dans un but de conversion. J'obtempérais tristement. Le pauvre homme ne comprit pas pourquoi je devins subitement si froid et distant avec lui.

À 11 ans, en CM2, il est temps d'aborder l'histoire et notamment la préhistoire et l'Homme de Cro-Magnon. Mais la secte avait pris les devants et m'avait persuadé que l'homme préhistorique n'a jamais existé. L'évolution non plus. C'est un mensonge scientifique. L'homme n'a que 6 000 ans d'existence sur terre et les ancêtres communs à toute l'humanité actuelle sont Adam et Ève. J'étais hermétique à toute autre notion, m'estimant supérieur à ma maîtresse. Je la méprisais, elle, et mes camarades qui la croyaient. Mais c'est normal : j'avais *la Vérité*. Alors pour contourner la difficulté, j'obéis et apprends comme si j'y croyais, juste pour avoir de bonnes notes. Pour donner toujours une bonne image et pour que la prof ne s'inquiète pas quand elle saura que je suis *TJ*. C'est la consigne de la secte. À moi de saisir ensuite l'opportunité d'un débat ou de le provoquer pour communiquer les idées de la secte ! Avec un peu de chance, la curiosité du professeur ou d'un camarade sera piquée. Il y en aura bien un dans le lot qui accordera du crédit à mes affirmations. Je ne le lâcherai plus et je tenterai de le convertir à l'insu de ses parents et de nos professeurs. Mais la curiosité est rarement au rendez-vous. En revanche, les moqueries vont bon train. Nous n'avions pas emménagé depuis quelques semaines seulement, qu'un *TJ* de la *congrégation* de Lisieux, en *prédication* alentour, avait répandu dans le voisinage la nouvelle que nous étions *TJ*, comme argument de persuasion.

–Nous sommes des gens comme tout le monde. D'ailleurs vous avez de nouveaux voisins qui le sont.

Très subtile ! Mes sœurs et moi étions les seuls nouveaux arrivants dans cette école. Dès lors, le mot « *Jéhovah* » nous est lancé comme une insulte.

–Hé ! Le Jéhovah. Il est où ton gourou ?

Je pris conscience que cette étiquette allait me coller à la peau. Je n'avais du coup pas d'amis à l'école mais cela me confortait dans mes convictions. Quels ignorants ces gens du *monde* ! S'ils savaient ! Moi, j'ai *la Vérité* !

A la *Salle du Royaume*, un frère parlant justement de la méfiance à entretenir vis-à-vis du *monde*, s'étonne de voir des *frères* et *sœurs* minimiser le danger.

-Ils peuvent être des outils privilégiés du Diable, justement parce qu'on ne se méfie plus d'eux. Ils peuvent alors nous atteindre pernicieusement par une influence subtile au fur et à mesure que nous les fréquentons plus intimement. Et vous savez très bien à quel point on est influençable par des amis. Aussi limitons nos fréquentations avec les gens du monde, même s'ils semblent bien sous tous rapports. Faisons-nous plutôt des amis parmi les frères qui ne nous influenceront pas pour notre perte. Ainsi, nous pourrons continuer à nous soutenir et à nous encourager dans le seul culte que Dieu agrée. Ne laissons pas le Diable nous atteindre. Faisons preuve de sagesse et de prudence dans le choix de nos fréquentations.

Et dire que nous sommes censés cultiver l'humilité ! Moi, c'est l'intégration que j'aimerais cultiver.

A douze ans j'entre au Collège Marcel Gambier à Lisieux. Les clans se forment rapidement et, la puberté venant, le besoin d'appartenir à un groupe s'accentue. Seul problème : j'étais formaté pour obtenir l'inverse : ne pas m'intégrer et afficher ma différence. À l'adolescence, l'intégration passe avant tout par les vêtements à la mode. Depuis le pupitre de la *Salle du Royaume*, j'entends sans cesse la position de la secte sur le sujet.

-S'habiller à la mode doit- il être la préoccupation d'un chrétien ? Jésus ne critiquait-il pas l'apparat voyant des Pharisiens et des Sadducéens ? S'habiller à la mode, c'est désirer se mettre en avant, être remarqué. Et les vrais chrétiens doivent être humbles. De plus, s'habiller à la mode coûte cher. Le vrai chrétien n'a-t-il pas à faire un meilleur usage de ses ressources dans le temps de la fin ? Ne serait-il pas plus avisé de mettre ses ressources au service de l'œuvre qui consiste à sauver des vies : la prédication. Soutenons d'avantage l'organisation plutôt que les entreprises commerciales de ce monde qui font des bénéfices extraordinaires grâce à ces modes passagères.

La mort dans l'âme

Essayer de convaincre mes parents de m'acheter des vêtements à la mode serait peine perdue. Ma mère investit volontiers dans les costumes, chemises et cravates portés pour les activités dites spirituelles mais certainement pas dans un sweet-shirt ou une paire de baskets de marque. Mes parents soutiennent également la secte par des dons mensuels. Dès que le salaire de papa est viré sur son compte, une somme est prélevée en priorité et destinée à *la boîte à offrandes* de la *Salle du Royaume*. Ma mère d'ailleurs, nous confie à mon frère, mes sœurs et moi, à tour de rôle, la précieuse enveloppe du don, pour que nous la mettions dans la boîte. Une manière de nous habituer, tout petit, à donner de l'argent pour *Jéhovah*. Je n'avais alors pas idée des sommes perçues par *l'organisation* des *TJ* de France : plus de onze millions d'euros par an en dons manuels et plus de dix millions sur l'ensemble des associations locales comme ma *congrégation*, sans compter les offrandes pour payer les *publications* censées être gratuites. Tout cet argent remis à la secte appauvrit nécessairement les adeptes et notre famille n'y échappe pas.

Nous sommes six. Certes, mes parents n'ont pas des moyens extraordinaires et ne peuvent pas satisfaire toutes nos exigences. Mais je n'en demande pas tant. Je souhaite juste ne plus être la caricature de l' « intello ». J'ai déjà les lunettes, ça n'aide pas. Mais ma mère s'obstine à me déguiser en gentil garçon sage. Sans s'en rendre compte, elle m'habille comme les enfants photographiés dans les *publications* de la secte. À chaque fois qu'elle s'occupait de l'achat de mes vêtements, c'était la déception assurée pour moi et la catastrophe à l'école. Mon habillement « *humble* » censé me faire passer inaperçu produisait l'effet inverse. J'avais envie d'être accepté et pas par n'importe quels groupes, les ados cool, en vue. Avec mon accoutrement, c'était peine perdue. Du coup, je n'attirais que les marginaux, les rejetés, les enfants en état de faiblesse, particulièrement vulnérables face à l'idéologie sectaire. Et justement, c'est là que l'obligation de ne pas suivre la mode prenait tout son sens : marginaliser pour mieux cibler. J'en profitais donc, en bon petit *TJ*, et remis à plusieurs d'entre eux le livre « *Les jeunes s'interrogent réponses pratiques* ». Le même qui m'avait été rendu par le père d'une camarade quelques années auparavant en maternelle. Je conduisais même pendant trois mois une étude sur ce livre avec l'un deux, dans l'enceinte

Nicolas, 25 ans, rescapé des Témoins de Jéhovah

du collège, à l'insu de ses parents et de l'institution scolaire. C'était illégal, je le savais, mais je pensais lui sauver la vie.
-*Surtout ne montre pas le livre à tes parents. Ils ne comprendraient pas et te diraient de me le rendre.*
Discours bien séduisant pour ces ados en recherche d'identité. Je comptais sur la rupture familiale et je faisais bien ; sur les huit livres distribués pendant mes années de collège, seuls deux me furent restitués.

Un jour, j'apprends qu'une camarade est absente car son beau-père est décédé. Programmé à 13 ans pour utiliser ce genre de drames, à peine rentré chez moi, je cherche son numéro dans l'annuaire et lui téléphone.

-*Allô Camille, c'est Nico. J'ai appris ce qui est arrivé. Je suis désolé. Toutes mes condoléances !*
-*Merci. Tu sais c'est dur.*
-*J'imagine. Tu sais si tu as besoin de parler, je suis là. En plus, je connais un moyen pour que tu le revoies.*
-*Comment ça ?*
-*Je t'expliquerai ça à l'école quand tu seras revenue.*

Dès son retour à l'école, je lui laisse « Quand on perd un être aimé ! », brochure qui décrit la croyance des TJ en la résurrection des morts dans un *paradis* futur. Comment, dans un tel état de détresse, ne pas être tenté de croire l'incroyable ? Je m'appliquais durant plusieurs semaines à lui faire l'étude, au collège, jusqu'à ce que, heureusement pour elle, son père trouve la brochure et lui demande de me la rendre.
Les parents d'un camarade divorcent ? Un père se retrouve-t-il au chômage ? J'utilisais toutes les situations de vulnérabilité pour proposer la solution miracle : les *TJ*. J'étais d'une redoutable efficacité et je reportais le soir venu la moindre minute de conversation prosélyte sur mon *rapport d'activité mensuel*, dopant ainsi mes résultats. Je me sentais en plus très satisfait de moi et tout à fait légitime ; j'étais un sauveur. Y a-t-il action plus noble ? Si, en plus, je pouvais gagner quelques points « *Paradis* », autant en profiter !

Mais la vie d'un héros n'est pas de tout repos. « *Ils m'ont persécuté, ils vous persécuteront aussi !* » La secte nous répète sans cesse ces paroles de Jésus comme preuve que les *TJ* sont les uniques vrais chrétiens sur terre. Et tout semble concorder. Je suis bien dans *la Vérité* puisque je suis persécuté. Ma vie au Collège est un enfer. Les enfants du groupe dominant me tolèrent dans leur cercle uniquement pour m'humilier ou me brutaliser. Je suis leur souffre-douleur ; cartable transformé en ballon de foot, affaires cachées, lunettes cassées, coups, crachats… Dans la bande, le fils du proviseur me donne chaque jour des coups de pied dans l'entrejambe. C'est son passe temps favori. Je passe mes journées dans l'appréhension de savoir d'où et quand viendra l'attaque. Mais je ne cesse pas pour autant de les côtoyer. Mon désir d'intégration prédomine, complètement avorté d'avance par mes réflexes prosélytes. La rhétorique de la secte est ancrée en moi ; elle répond à tout. Cantonné dans mon rôle de bon *TJ* victime *du monde méchant*, je suis conditionné pour jouer les martyrs. Tout en moi le reflète : mon attitude, mon apparence, ma soumission, mes croyances… La victime idéale !

Je tombe en dépression. Je vomis presque chaque matin avant d'aller à l'école. La simple idée de monter dans le bus scolaire me terrorise. Je ne mange presque plus. Comment échapper aux brimades du Collège ? Je suis *TJ*. Et c'est au nom de cette appartenance que je dois endurer tant d'humiliations ! Le fossé se creuse entre les autres et moi. Ma dépression empire tellement que ma mère me fait examiner par notre médecin de famille. La praticienne hésite à me prescrire des antidépresseurs. Encore heureux ! Je n'ai que treize ans ! Solidaire de mes parents sur la question de la transfusion sanguine, elle est déjà aveuglée, inapte à discerner que la secte est à l'origine de mon état. Je vis une torture au quotidien. Que la souffrance cesse!

Je voudrais avoir la paix. Ma situation est inextricable. Et si je mettais fin à mes jours ? Oui, le suicide semble être la seule solution. Ne plus à avoir à opposer de résistance constante. Ne plus subir. Chaque soir j'y pense. Chaque soir en faisant le bilan de la journée je ne veux pas revivre la même le lendemain. Chaque soir je me dis que quitte à ne pas vivre vraiment autant mourir. Chaque soir je suis à deux doigts de passer à l'acte. Un couteau de cuisine dans le ventre, une lame de rasoir pour les veines, le lustre du salon ne tiendra surement pas si je m'y pends avec une ceinture, les médicaments de la pharmacie peut-être.

Nicolas, 25 ans, rescapé des Témoins de Jéhovah

Dans la rue, j'ai envie de traverser devant le bus. A la montagne, le vide m'attire. A la mer, j'ai envie de nager assez loin pour ne pas pouvoir revenir. Je ne passe heureusement pas à l'acte. Pour les *TJ*, le suicide est un grand *péché* qui empêche de bénéficier de la résurrection et de la *vie éternelle*. De plus, mes parents sont responsables de moi devant Dieu et risquent donc d'être privés du salut éternel à cause de moi. Je ne peux pas leur faire ça ! Mais je fantasme la scène à maintes reprises. Je m'imagine, mort, ensanglanté, une lettre sur moi expliquant mon geste et imputant la responsabilité à mes camarades et mes parents. Je vois leur tête lorsqu'ils apprennent la nouvelle et les raisons de mon geste. Ils reçoivent mon message posthume en pleine figure : je suis brimé et bridé à la maison et je suis battu et humilié en classe, ma mort est de leur faute, à eux tous. Je n'ai nulle part où je me sente protégé et compris. J'aimerais tant les faire culpabiliser de la douleur qu'ils m'infligent ! Qu'ils réalisent tout le mal qu'ils me font. Mais je ne reste toujours que dans le fantasme. Je me crée un monde virtuel, un monde imaginaire dans lequel je me réfugie. Je dessine de plus en plus. Surtout des monstres, des dragons, des dinosaures, des bêtes fantasmagoriques, vigoureuses et violentes, qui compensent mon impuissance. C'était mon exutoire. Je trouve d'ailleurs beaucoup d'inspiration dans le livre de la secte « *La révélation : le Grand dénouement est proche* » dans lequel je me plonge très souvent. Toutes les « bêtes », rêvées par Paul dans son délire apocalyptique, y sont peintes avec un réalisme effrayant. Enfant, elles m'effrayaient. Maintenant, elles me fascinent. Je redessine les dragons à plusieurs têtes, les grenouilles griffues, les cavaliers de l'apocalypse au point d'inquiéter ma mère.

–Des montres, des monstres, toujours des monstres. Pourquoi dessiner des choses aussi affreuses alors que Dieu nous a entouré de merveilles qui n'attendent que d'être dessinées ? Un chrétien doit s'attacher d'avantage à ce qui est beau dans la création qu'à ce qui est laid.
–Oui oui maman.

J'ai souvent droit à ses remarques. Elle préférerait me voir peindre des paysages, des fleurs ou des animaux. Elle ne peut imaginer quel échappatoire je trouve dans le dessin. Elle est tellement hors de toute réalité. Peut-être trop sensible ou trop fragile pour l'affronter. Alors elle s'est trouvé le bel écran du *paradis* pour ne pas voir le vrai monde.

Chaque fois que je lui raconte ce que je subis à l'école, elle tente de me conseiller. Mais uniquement à travers les écrits de la secte. Au moindre problème, elle m'oriente systématiquement vers une *publication TJ*, *« pleine de bons conseils de vie »*.

-Quand tu traverses une situation difficile, demande- toi ce que ferait Jésus à ta place ? Tu verras, la solution viendra naturellement. Et puis surtout prie Jéhovah il peut te donner la force de supporter. Jésus lui-même a été persécuté et il avait bien prévenu qu'on se ferait aussi persécuter, parce que nous sommes les vrais chrétiens. Tu es isolé à l'école et plus fragile aux attaques du Diable et il le sait. Il cherche à t'attaquer sur tous les fronts pour te faire quitter la Vérité. Il essaye de faire croire qu'être Témoin de Jéhovah est un problème, alors que c'est le monde qui ne va pas bien.
-Mais il n'y est pas à ma place, Jésus ! J'en ai marre de subir avec pour seule solution la prière. Je veux juste être comme les autres !
-Tu veux être comme les autres ? Tu veux ressembler aux enfants du monde ? Tu veux imiter ceux qui servent Satan ? Tu veux mourir à Armageddon ? Vraiment, je ne te comprends pas. Tu m'inquiètes. Tu connais pourtant la Vérité sur les mensonges du monde et ses pièges. Tu devrais étudier davantage, je crois que tu es en train de t'affaiblir spirituellement. On va étudier ensemble.
-Mais, c'est pas ...
-Il n'y a pas de mais. On fera l'étude, 1h00 tous les mercredis après midi ! Je ne veux pas que tu tombes dans les griffes de Satan.

Mon cri d'alarme avait été entendu, mais pas comme je l'espérai. Je compris dès lors que si je voulais m'en sortir et vivre un peu normalement, je devais jouer un jeu : celui du petit *TJ* modèle, obéissant, rassurant. Je ne peux plus donc parler à mes parents ni de mes envies, ni de mes états d'âme. Je risquerais de me voir imposer une énième étude ! Je ne peux non plus en parler à mon frère ou à mes sœurs ; ils me dénonceraient. Désormais, je dois vivre tout cela seul. Mes confidences se font donc plus rares et mon isolement plus profond. Ma mère croit donc que la situation s'est améliorée, grâce aux bons conseils prodigués par les écrits de la secte. L'étude supplémentaire peut donc cesser. En réalité, ma situation au collège est inchangée et commence à inquiéter certains professeurs.

Nicolas, 25 ans, rescapé des Témoins de Jéhovah

Un jour, juste avant d'entrer en cours de mathématiques, mon sac à dos m'est, une fois encore, arraché pour servir de ballon. J'essaie de le récupérer. Le professeur me trouve en train de courir après mon sac que se lancent deux élèves. Nous sommes censés l'attendre devant la salle de cours en rang et dans le calme. Il nous « colle » tous les trois. La première fois pour moi. Quelle honte et quelle injustice ! Le soir même je m'en ouvre à mes parents qui rédigent un courrier pour demander un entretien. Rendez-vous est pris. J'y accompagne ma mère. Et après l'exposition des faits, le professeur s'ouvre un peu.

-J'ai remarqué des problèmes de rapports entre Nicolas et ses camarades que je ne comprends pas.
-C'est parce que je suis Témoin de Jéhovah !
-J'avoue ne pas trop connaître. J'aimerais en savoir d'avantage.
-Si vous voulez, nous vous feront parvenir un peu de documentation.

Je saute sur l'occasion de le convertir. Je dois saisir la moindre occasion de faire mon devoir. C'est donc en toute illégalité que je lui remets, à la fin des cours de maths, une enveloppe kraft, sans aucune indication visible, contenant tantôt une brochure, tantôt un livre de la secte. Toutes les deux semaines, je lui donne également les derniers numéros de *La Tour de Garde* et *Réveillez-vous !* Et au bout de deux mois...
-Est-ce que vous accepteriez une étude biblique sur la base du livre que je vous ai laissé ?

Là, il prend soudain conscience de la situation et me demande dès lors de cesser de l'approvisionner. Je suis défait ; ce prof représentait pour moi une source de rendement pour la secte. J'aurais pu le comptabiliser dans la case « *études bibliques dirigées* » de *mon rapport d'activité*. A ma place, ma mère aurait surement obtenu de meilleurs résultats ! Et, comme tant d'autres professeurs approchés par leurs élèves *TJ* ou par leurs parents, il aurait été embrigadé dans la secte.

Il y aurait pourtant bien un moyen de se faire accepter au collège : avoir une petite amie. Pour être dans le coup, il faut sortir avec une fille, belle de préférence. Moi, je n'ai aucune chance ; mes parents ne me permettant pas de m'habiller ou de me comporter comme les autres. C'est la honte de sortir avec moi. Et si une fille l'envisageait, je devrais refuser car le flirt, aussi innocent puisse-t-il être à cet âge-là, est proscrit par la secte. C'est, selon elle, « *la porte ouverte à la fornication, aux maladies vénériennes et aux grossesses accidentelles* ». Mais il n'est pas question de « coucher », juste de « sortir ». Il s'agit simplement d'être vu par les autres en train d'embrasser une fille. Tu peux embrasser, t'es cool, tu peux pas, t'es rien. Et moi, j'en ai assez de n'être rien, je veux m'intégrer, me fondre dans la masse. Mais rien que le fait d'embrasser une fille me vaudrait les foudres de la secte et de mes parents. L'établissement compte d'autres *TJ*, à commencer par Frédéric. S'il me voit avec une petite amie, il me dénoncera aussitôt aux parents. Et si je ne suis pas vu par mes camarades, ça n'a aucun intérêt. Inextricable. La menace de la délation est pesante. La secte m'encourage régulièrement à dénoncer les enfants ou les adultes qui transgressent ses lois. Ma faute serait d'abord rapportée à mes parents et aux *anciens*, puis ferait le tour de la *congrégation*. Reproches, punitions en cascades. Culpabilisé et mis plus bas que terre. Je vois d'ici le tableau. Ma famille subirait les mêmes remontrances de la *congrégation*.

–Comment des parents responsables peuvent-ils négliger leur rôle et laisser leur progéniture dériver à ce point ?

L'idée qu'ils puissent être humiliés par ma faute m'est insupportable. J'ai assisté à trop de mises à l'index pour nous souhaiter un tel sort. Tant pis pour l'intégration ! Il me reste la *vie éternelle* ! Si je ne me tue pas avant...

Nicolas, 25 ans, rescapé des Témoins de Jéhovah

Papa, maman,
Si vous lisez cette lettre, c'est que je suis mort. Désolé de te faire pleurer maman, mais je n'en pouvais plus. Vous ne vous êtes jamais rendu compte à quel point j'étais mal ces derniers temps. Je vous ai bien demandé de l'aide à un moment, mais vous ne me l'avez pas donné... vous m'avez juste fait l'étude. La seule réponse que vous aviez était dans les publications. Mais vous ne compreniez pas que si je n'étais pas bien c'est parce que j'étais TJ. Tous mes problèmes à l'école venaient de là. Moi je voulais juste être normal, mais c'était trop demander. Je voulais juste avoir des amis à l'école, mais ça m'était interdit. Je voulais juste m'amuser comme les autres, mais ce n'étais pas possible.

Pourquoi est-ce que je suis né dans une famille TJ ? Tout aurait été plus facile, en tout cas moins compliqué, si ça n'avait pas été le cas. Je ne supporte plus qu'on se moque de moi à l'école et qu'on me dispute à la maison, quoi que je fasse. C'est de votre faute si je me suis tué. Vous m'avez rendu malheureux.

Il vous faudra vivre avec ça maintenant...
Remerciez Jéhovah !

Nicolas

CHAPITRE 10
Sexe, mensonges et vidéo

La puberté commence à me travailler. À croire que je n'avais pas assez de problèmes ! Comme tous les adolescents, je découvre mon corps mais je dois me l'interdire ; « *le sexe sert à procréer dans le cadre du mariage et non à procurer du plaisir* ». Chaque fois que je jouis, je fonds en larmes ; je frappe mon corps et mon sexe. Je me déteste d'être aussi faible. Là encore, culpabilisé, je prie *Jéhovah*.

-Père Jéhovah, pardonne-moi ! Pardonne-moi ! Pardonne-moi ! Je t'en supplie. Je sais que je te fais de la peine, mais c'est plus fort que moi. Aide-moi à vaincre mon vice. Aide-moi à chasser le Diable qui est en moi. Je t'en prie, Père céleste. Je t'en prie. J'ai honte. Honte de moi. Honte même de te prier. Je ne suis pas digne de ton pardon.

Et, tous les jours, je me procure un plaisir volé. Tous les jours, la culpabilité m'envahit. Tous les jours, je récite les mêmes prières. Mais de l'aide, le ciel ne m'en envoie pas.

Plein de remords, je veux me dénoncer à ma mère mais ne parviens pas à lui parler. La sexualité est ainsi totalement taboue à la maison car la *Watchtower* s'attache à régenter strictement la sexualité de ses adeptes en associant sans cesse le sexe au *péché*. Et nombre d'articles traitent de « *l'aide à apporter aux enfants qui s'adonnent à la masturbation* ». C'est sale, dégradant, interdit. J'ai tellement honte. J'éclate en sanglots.

-Je... me masturbe...
-...(long silence) ... combien de fois ? Souvent ?

Nicolas, 25 ans, rescapé des Témoins de Jéhovah

-... Oui ! Tous les jours... plusieurs fois par jour...
Comme tous les garçons de mon âge, mais ça je l'ignore alors. Elle me serre dans ses bras et me parle doucement, comme à un malade.

-Chut ... ça va aller. On va trouver une solution. Je vais en parler à Papa.
-Ah non ! Qu'est-ce qu'il va penser ? Il va se mettre en colère.
-Mais non, il sera compréhensif.
-Je suis sûr que non ...
-Allez, on va faire une prière à Jéhovah. Tu verras, ça ira mieux après.

Elle y croit tellement ! Mais ça ne va jamais mieux après. Je retourne dans ma chambre dans un état second. Je redoute la réaction de mon père quand il saura. Je les déçois et les dégoûte c'est certain. Mais contre toute attente, mon père se montre calme.

-Bah ! Alors, bonhomme, il paraît que tu as des soucis.
-Oui ... (et presque inaudible) *je me masturbe.*
-Ça n'est pas toujours facile, surtout à ton âge, mais il faut résister aux choses sales, prier Dieu et étudier davantage pour ne laisser entrer aucune mauvaise pensée en toi.
-Je sais... (en reniflant)
-Va chercher ton livre « Jeunes s'interrogent ». On va voir ce qu'en dit la société.

Il va me faire l'étude. Deux chapitres entiers du livre sont consacrés à la masturbation. Ça tombe bien ! C'est dire, une fois de plus, si la sexualité des adolescents intéresse la secte.

-Regarde ce que dit le paragraphe sur les moyens de résister à la tentation. Tu vois ?
-Oui. Il est conseillé de s'ouvrir à un TJ plus âgé, de prier plus Jéhovah et de consacrer encore davantage de temps aux activités spirituelles pour que notre esprit ne cède pas à la tentation de la chair. (je lis la phrase du livre mot à mot, comme d'habitude)
-C'est bien. C'est exactement cela. Tu n'étudies peut être pas assez. Et tu pourrais prêcher d'avantage. Ça t'aiderai.
-Oui papa...

Chantage à la bonne conscience, pressions, culpabilité. Je devais rester constamment sur mes gardes puisque Dieu me regardait. Assister aux *réunions*, étudier, *prêcher*, prier : c'était mon lot de tous les jours ; un quotidien banalisé dont il m'était impossible de concevoir l'aberration. Jamais, on ne m'avait permis de connaître autre chose ou de donner mon avis. La notion de choix m'était étrangère. Choisir entre quoi et quoi, d'ailleurs ? Puisque tout était ordonné, régulé, cadré. Il n'y a de vrai choix qu'entre le bien et le bien. Moi je n'ai toujours connu que le bien et le mal. La vie et la mort. Jamais de nuances. Pourtant, certains choix vont s'imposer à moi.

À l'éveil de ma sexualité, je prends rapidement conscience de mon attirance pour les garçons. Confusément, je le subodorais depuis longtemps déjà, sans parvenir à définir ni à qualifier mes préférences. Mais l'adolescence rend les choses concrètes : j'ai envie d'embrasser mes copains, pas les filles. Les autres ados s'insultent de « pédé » ce qui me laisse présager que je ne suis pas au bout de mes peines. *TJ* et gay, je cumule les sujets de risée. Je comprends le sens de ces mots, qu'ils me concernent et que je n'ai pas intérêt à ce que ça se sache. D'autant que la secte condamne sévèrement l'homosexualité. Depuis tout petit, j'entends et lis en boucle la loi mosaïque ou les propos radicaux de Paul la condamnant. « *Si un homme est trouvé couché avec un autre homme, ils devront être lapidés* ». Éloquent ! L'épisode des villes de *Sodome et Gomorrhe* ou de la tribu de Benjamin, éradiquées pour les premières, presque entièrement décimée pour la seconde, et ce sur ordre de Dieu parce que leurs habitants pratiquaient l'homosexualité, constituent des exemples chers aux *TJ*. Les illustrations de leurs *publications* qui listent les gens qui seront détruits par *Jéhovah* lors d'*Armageddon* mettent dans le même sac, assassins, drogués, prêtres catholiques, soldats et ... hommes qui s'embrassent. Mais ces images produisent l'effet inverse sur moi. Bien sûr, elles montrent ce qu'il ne faut surtout pas devenir, mais en même temps elles m'attirent irrésistiblement et m'émeuvent profondément. Lorsque je comprends pourquoi à treize ans, un frisson d'horreur me parcourt : je suis gay !

En ayant grandi au sein d'une famille *TJ*, comment est-ce possible ? Tout était pensé, prévu, fait et dit pour que rien d'

Nicolas, 25 ans, rescapé des Témoins de Jéhovah

« immoral » ne pollue mon esprit. Comment ai-je donc pu développer ce que la secte définit comme un des pires *péchés* ? Et pourtant, c'est un fait, ce vice – comme ils l'appellent – est en moi depuis l'enfance. Mes premiers souvenirs d'émois et d'attirances remontent à l'âge de 8 ans. Si j'étais séduit par les garçons, ce n'est donc pas en ayant subi une quelconque mauvaise influence. Ça n'était pas matériellement possible. J'ai donc toujours été gay. Mais c'est encore pire ! Cela signifie que Dieu me déteste et me condamne pour ce que je suis alors que je n'ai rien décidé, que je ne suis pas responsable. C'est impossible ! Il y a forcément une explication. Je cherche mais en vain. Aucune trace d'analyse dans les *publications* de la secte ! Il n'y a que la condamnation, page après page.

Non seulement je me sens isolé et banni sans savoir ce qu'on me reproche, mais je réalise que je ne pourrai compter sur aucun soutien ni à l'école, ni de la part de mes parents, ni avec mes frères et sœurs qui me dénonceraient (mes sœurs le feront d'ailleurs des années plus tard). Les moqueries homophobes omniprésentes à l'école et les réflexions de mon père à table sur le sujet m'en avertissent.

– Si j'avais un enfant comme ça, je t'assure que je le mettrai à la porte avec un bon coup de pied au derrière !

Je suis prévenu. Je n'ai pas envie d'être jeté hors de chez moi, abandonné par mes parents. Je cache donc ce que je suis. J'essaie de faire taire mes sentiments. A cause de mon nom je suis déjà affublé par mes copains de surnoms très éloquents comme « la jaquette » et autres insultes. Et cela sans qu'ils sachent que je suis vraiment gay. Qu'est-ce que ce serait sinon ? J'ai donc tout intérêt à ne pas communiquer sur le sujet. Je reste donc discret et prétend vouloir sortir avec des filles pour donner le change.

Mais je veux savoir qui je suis vraiment. Comment et où me renseigner ? J'ai bien repéré chez le marchand de journaux du centre-ville, dans un coin, en hauteur, quelques revues gay. Alors, dès que je peux, je vais les feuilleter. Je suis tout tremblant à l'idée d'être vu. À 13 ans, je n'ai pas droit d'accéder à ce genre de littérature. Je fais donc semblant de lire le Télé Star qui se trouve sur une pile juste en dessous et, dès qu'il

Sexe, mensonges et vidéo

n'y a pas de client dans les parages et que le marchand a le dos tourné, je prends prestement une revue sur le rayon le plus haut et la dissimule dans le programme télé. Je regarde à la vitesse de l'éclair, photographiant mentalement chaque image, chaque titre. L'horreur serait d'être surpris par un membre de la *congrégation*. J'imagine la promptitude à laquelle l'information en ferait le tour. Je dois donc redoubler de vigilance et de rapidité. Une fois la revue consultée en diagonale, je la laisse dans le journal télé et repose le tout au centre de la pile de programmes. Combien de petites mamies ont eu la surprise de voir des hommes nus en pleins ébats dans leur magasine favori ? Mais il faut bien que je me documente. Mes camarades de classe s'échangent déjà des vidéos « hot ». Le père de l'un d'eux enregistre chaque semaine le porno de Canal +. A son insu, son fils fait circuler les cassettes dans toute la classe. Pendant des mois, j'essaie d'en voir une, mais comme d'habitude on me tient à l'écart. Connaître le langage sexuel, le nom des positions, voir des films porno, c'est réservé aux mecs « cool ». Et mes camarades me font bien comprendre que je ne le suis pas. Je m'obstine et mes efforts paient. Je parviens enfin à me procurer un film X que je regarde en cachette, le soir venu. Enfin, je vois ce qu'est un acte sexuel.

Commence alors pour moi une forme de double vie : je m'applique, avec plus d'ardeur encore, à ne pas laisser tomber le masque du parfait petit *TJ* tandis que je pars à la recherche de ma sexualité ! Plus j'explore cet univers en bravant les interdits, plus je redouble de zèle et de vigilance pour donner le change et être insoupçonnable. L'éveil d'une telle sexualité, jumelé à l'apologie faite par la secte de ces jugements divins et la désapprobation manifeste de mes parents, fait naître d'insupportables sentiments chez moi. Je me dégoûte à en avoir des nausées. Psychologiquement et physiquement, je suis atteint. Je ne peux en parler à mes parents. Je serais mis à la porte immédiatement. Je me vois mal, à 14 ans, vivre dans la rue. J'essaie d'imaginer comment je pourrais me débrouiller seul, survivre. Qui aller voir en pareil cas ? Tous nos proches sont *TJ* et ils me rejetteraient aussi. Je ne peux supporter l'idée d'être abandonné. Si seulement je pouvais mourir, tout serait réglé. Pas un jour ne passe sans que je ne songe au suicide.
Pour mes parents, je suis donc un être abject qu'ils ne peuvent que rejeter. Mais il y a une autre menace qui pèse sur moi ou

plutôt une fatalité : *Jéhovah* ! Lui, voit ce que je fais, ce à quoi je pense ! Il m'a donc condamné, c'est certain. Je vais périr à *Armageddon* ! Tous les soirs dans mon lit, je ferme les yeux en me disant que c'est sans doute ma dernière nuit. Mes pensées vont à ma famille. J'espère que le *paradis* sera suffisamment merveilleux pour apaiser le chagrin causé par ma mort. Tous les soirs, effondré et résigné, je prie *Jéhovah*.

-Père Jéhovah, j'ai essayé de ne pas être attiré par les garçons, mais ça n'a pas marché, tu l'as bien vu. Je sais que tu vas me détruire, mais épargne mes parents ; ils n'y sont pour rien. Je t'en supplie. Ils ont fait tout ce qu'ils ont pu pour m'éduquer selon tes principes. Mais je n'arrive pas à être comme tu veux. Si tu permets à un pêcheur aussi monstrueux que moi de t'adresser une requête : quand ma famille entrera dans le paradis, efface-moi de leur mémoire. Je ne veux pas qu'ils soient malheureux de m'avoir perdu. Je suis tellement désolé de ne pas être à la hauteur. Père pardonne-moi pour le mal que je te fais.

En attendant, je cultive l'art du dédoublement de personnalité. Intérieurement, ma situation est intenable ; je deviens schizophrène pour tenir. Deux fonctionnements, deux états d'esprits, deux Nicolas alternent et s'ignorent pendant la journée. D'un côté, j'explore ma sexualité en ignorant *Jéhovah*. De l'autre, je sers *Jéhovah* en *TJ* zélé, capable de suivre une *réunion* sans sourciller aux condamnations répétées de l'homosexualité. Je ne manque même pas une occasion de répondre que ce délit abominable est condamné par Dieu et mérite la destruction. Dans ces moments, je me projette dans une autre vie, *TJ*, marié et père de famille, *ancien* d'une *congrégation*. La *réunion* terminée, l'autre moi prend le relais. *Jéhovah* disparaît et je rêve alors à d'avoir un petit copain à qui tenir la main. Je deviens naturellement calculateur afin que rien ne soit laissé au hasard. Je me cache aux autres ; je me cache à moi-même. La paranoïa m'envahis. Mais à force de jouer ce double jeu, de n'être toujours que dans les faux semblants, les sentiments feints, je ne vis plus vraiment les choses. Rien ne semble réel. Mes repères disparaissent ; mon état psychologique se dégrade, je sombre d'avantage encore dans la dépression, alors que « *la Vérité* » des *TJ* est censée m'apporter la paix de l'esprit et le bien-être.

Les garçons de ma classe sortent avec des filles et les embrassent. Comme j'aimerais prendre la place de certaines d'entre elles ! J'ai envie d'avoir un copain, moi aussi. Mais aucun garçon de ma classe ne pourrait. Etre PD est la pire insulte pour eux, je les vois mal vouloir de moi. D'autant qu'habitant en pleine campagne, je ne les vois jamais. Alors, je me prends à rêver de croiser le chemin d'inconnus en forêt. Je me dis que me faire violer serait la meilleure chose qui puisse m'arriver. Je pourrai goûter à ce dont j'ai envie avec l'excuse d'avoir été forcé. Non coupable devant *Jéhovah* ! Je suis prêt à vivre et à assumer ce que je suis. Je me rapproche donc d'autres adolescents de ma *congrégation* qui viennent aux *réunions* en traînant les pieds. Leurs parents le voient d'un bon œil, ils espèrent qu'en *TJ* modèle, j'aurai une bonne influence sur leurs fils rebelles, contraints comme moi de faire taire leurs envies. Ils savent ce que j'endure. Ensemble, nous prenons place, de plus en plus loin de nos parents, au fond de la *Salle*. Je leur sers d'alibi. Je rassure tellement la secte, par mon apparence irréprochable, qu'elle me donne presque toute latitude. Ne pas m'asseoir à côté de mes parents m'est permis car je suis maintenant considéré comme mûr et responsable.

La *congrégation* lâche du leste ; les invitations entre jeunes témoins en manque de liberté vont bon train. Ce qui était inconcevable avec des enfants du *monde* ne présente ici aucune difficulté. Et, comme tous les ados, nous allons dormir les uns chez les autres. Les soirées sont propices aux confidences. Les premières nuits, nous parlons de tout et de rien. Rapidement, le vrai sujet vient sur le tapis : le sexe. Je découvre que je ne suis pas le seul petit *TJ* à me masturber, ni le seul à regarder des films pornos en douce. Certains me confient même avoir eu des copines en cachette mais la peur d'être découvert avait mis fin prématurément aux amourettes. Quelques malchanceux avaient été surpris, dénoncés, punis et placés sous haute surveillance parentale.
Prudent, je ne leur avoue pas encore que ce n'est pas aux filles que je pense. Mes amis m'attirent beaucoup mais je n'ai pas envie qu'ils me fuient ou qu'ils me dénoncent. J'attends déjà de connaître leurs petits secrets pour confier le mien ; ainsi, nous serons à égalité. Petit à petit, les tabous et les gênes s'estompent. La peur d'être dénoncé aussi. À force d'évoquer la masturbation de plus en plus librement, nous finissons par

le faire ensemble. D'abord dans le noir, puis à la lumière, en regardant une revue porno. Je n'imaginais pas pouvoir partager un moment de sensualité avec un garçon. Je m'enhardis et j'expérimente maladroitement mes premières relations sexuelles avec mes amis. Ils ne sont pas homos mais à cet âge, le désir sexuel est si fort et les occasions, pour un *TJ*, si rares, qu'ils acceptent l'expérience. Avec moi, ils connaissent leurs premières fellations. Les relations ne sont pas spécialement tendres, ils ne veulent pas m'embrasser ; ça c'est réservé aux filles. Mais je me satisfais de ce qui m'est donné. Ces petits bonheurs non aboutis, balbutiés, je n'aurais osé les espérer. Dès lors, je veux faire l'amour. Pour de vrai. Mais il me faudra encore patienter et me contenter de ces explorations avec mes copains *TJ*. Mais plus mes sentiments et mes envies se développent et prennent corps, plus mes chances d'entrer au *paradis* se réduisent. *Jéhovah* ne fait pas de compromis.

CHAPITRE 11
Témoin **à charge**

Frustrations, privations, interdictions, contradictions et autres ambiguïtés finissent par me mettre un peu la puce à l'oreille. À quinze ans, je suis à même de juger que certains discours sonnent faux. La secte tient des propos choquants. Dans les *publications* et les discours, elle assure que « *la loi de Dieu n'est pas pesante* » même dans le cas du refus de sang. On y lit ces propos : « *Est-ce pesant de ne pas attraper le sida, l'hépatite B ou d'autres maladies transmises par les transfusions sanguines ?* »
Suivant ce raisonnement, les malheureux qui contractent ces maladies l'ont bien cherché. Ils n'avaient qu'à obéir à Dieu. Mes camarades et moi commençons à être sensibilisés aux risques d'une sexualité non protégée. Nous sommes en 3e, j'ai 15 ans. Chaque année, une journée est consacrée à la lutte contre le Sida. Pour la première fois, j'arbore un ruban rouge, comme les autres. De retour à la maison l'intention n'est pas bien interprétée par mes parents.

–Retire ça tout de suite. Trouves-tu qu'un vrai chrétien devrait porter sur lui un signe de soutien à des malades qui le sont parce qu'ils agissent mal ? Les malades du sida, l'étant presque tous parce qu'ils sont homosexuels, ont eu de nombreux partenaires en dehors du mariage, se droguent ou ont accepté des transfusions sanguines, un chrétien ne peut pas les soutenir. Ce serait approuver et encourager ces comportements que Dieu hait. Et nous devons haïr ce que Dieu hait Si tu veux soutenir des malades, il y a des frères et sœurs âgés et malades dans la congrégation à qui tu peux apporter ton aide, pas besoin d'aller soutenir ce genre de mouvement qui déplaît à Dieu.

Telle est la volonté d'un « *Dieu d'amour* »... Les fausses notes de ce genre se succéderont.

Avec la fin de ma scolarité surgit la nécessité de m'orienter. La secte n'est pas bonne conseillère dans ce domaine non plus.

« *De longues études ne garantissent pas un emploi à l'heure qu'il est, Armageddon étant proche, à quoi sert de perdre du temps dans de longues études alors qu'on peut le consacrer à Dieu ? Mieux vaut des études courtes. Elles assurent vite un petit emploi, ce qui permet de s'investir rapidement dans l'œuvre de prédication* ».

 Et c'était logique. Plus vite je devenais actif, plus vite je devenais solvable et donc en mesure de faire des dons. L'argent que mes parents auraient investi dans de coûteuses études pouvait tomber dans les caisses de la secte. Malgré la désapprobation de ma famille, je veux entrer dans un cursus artistique dans la section Arts Appliqués d'un lycée de Caen. Mon goût pour les dessins animés ne m'a pas quitté. Le désir de mes parents de m'y faire renoncer non plus !

–Tu vas devoir transiger avec ta conscience de chrétien si tu exerces ce métier. Il y a des tas d'autres professions artistiques qui ne représentent pas de danger.

Je les vois venir. Le lycée de Caen propose également un BTS architecture Intérieure. Dans leur esprit, mon parcours est tout tracé. Je m'inscris aux Arts Appliqués, j'enchaîne avec le BTS archi, lui succède une année de *prédication* à plein temps et je pourrais travailler comme assistant dessinateur. Ils essayaient d'allier ce qui leur était ordonné avec mes envies. J'abonde dans leur sens pour les rassurer. Une fois dans cette école, il pourra s'en passer des choses...

Je suis admis à Caen. J'y espère une vie plus belle, sans moqueries, sans interdits. Je n'ose encore parler de liberté, mais tout de même. J'ai l'âge requis pour travailler pendant l'été dans l'entreprise qui emploie mon père. Je fais du nettoyage industriel.

–Maintenant que tu travailles l'été, tu devras gérer ton salaire pour qu'il dure sur l'année à la place de ton argent de poche.

-D'accord.
-Et pense à en réserver une partie pour Jéhovah, à mettre dans la boite à offrande.
-...

Ils me font culpabiliser de gagner de l'argent pour mes loisirs alors que je pourrais le donner pour *Jéhovah*. Je donne donc.

L'été se termine et je vais entrer dans ma nouvelle école artistique. Caen est à 50 km de chez nous. J'ai la possibilité d'être interne, comme la majorité des élèves. Mais mes parents refusent de peur que je délaisse les activités spirituelles.

-Il n'y a qu'un soir par semaine que tu pourra avoir de libre et uniquement à partir de ta majorité. Il est hors de question que tu rates les réunion du mardi et du jeudi soir.
-Mais tous les autres sont internes... !
-Tu prendras le train tous les jours, un point c'est tout !

Je fais donc le trajet Lisieux-Caen / Caen-Lisieux matin et soir en train. Levé tous les matins à 5 h, je rentre le soir vers 20h00 épuisé et je dois garder un peu d'énergie pour l'étude du « *Texte du jour* », que nous faisons le soir maintenant. Rien ne change décidément !
Les Arts Appliqués exigent de moi beaucoup de travail personnel. Ce qui s'allie de moins en moins avec les exigences de la secte. Je ne suis exempté d'aucune *réunion*, d'aucune intervention. Et je dois continuer à les préparer la veille. Pour réussir à travailler correctement en semaine, je prépare toutes mes *réunions* durant le week-end. Je travaille sur mes cours jusqu'à minuit. Je dors 5h00. Et le lendemain c'est reparti pour un tour. Le rythme est soutenu. J'ai du mal à être productif. Le temps passé dans les transports, celui consacré au programme spirituel et le manque de sommeil m'empêchent d'aboutir mes projets. Et puis à quoi bon entreprendre quoi que ce soit dans ce *monde* appelé à disparaître ? Je m'éparpille, je commence tout et ne termine rien puisque, au final, rien ne subsistera.

Mes camarades du Lycée n'ont rien de commun avec ceux du Collège. Ils sont plus ouverts. Mais moi, je suis toujours le prosélyte qui sans cesse s'affiche comme *Témoin de Jéhovah*. Et comme au Collège, je suis mis à l'écart. On m'évite et je ne comprends toujours pas. Ai-je raté ce nouveau départ ? Me voilà reparti dans la course désespérée à l'intégration ! Mêmes causes, mêmes effets ! Et si c'était ma faute ? Je me remets en question. C'est une première. Une étincelle de réflexion personnelle. À la fin de l'année, je prends à part trois filles de la classe réputées pour leur franchise et leur demande de me faire la liste de ce qui ne va pas chez moi.

-Il faut que tu arrêtes de donner des leçons à tout le monde. Dès que quelqu'un dit quelque chose ou fait une faute de langage, tu le reprends. Tu te crois supérieur aux autres. C'est pénible à la longue. Et puis, t'es bien gentil avec tes histoires de Témoins de Jéhovah, mais on évite de discuter avec toi de peur que tu tentes de nous convertir. Lâche-nous avec ça ! Et puis tes fringues ! On voit que c'est ta mère qui t'habille genre premier de la classe pour, en plus, ne même pas l'être !

J'encaisse et j'enregistre. J'assiste à mon procès, mais je l'ai voulu. L'évidence me saute aux yeux : les comportements qui me sont reprochés et me valent l'exclusion de la classe, sont tous induits par les règles *TJ* que je m'impose. Je vais donc avoir un sérieux problème de compatibilité : les *TJ* ou les copains ? Je choisis d'être intégré. J'avais bien senti, à quel point le fait de suivre mes études à Caen allait influer sur ma liberté. Allait m'en donner un peu tout simplement. Ce serait beaucoup plus facile pour moi de mener ma double vie, loin de mes parents et de la *congrégation*. Il n'y a que de *Jéhovah* dont je ne pourrai pas me cacher. Mais bon, perdu pour perdu, autant passer le peu de temps qu'il me reste agréablement. Pourtant, mon embrigadement sectaire s'effrite un peu. Les deux Nicolas qui sont en moi se livrent bataille. Mon début de vrai « moi » tente de rompre avec la passivité du *TJ* qui attend le jugement dernier.

Les vacances d'été marquent la saison des changements. Ma mère s'en aperçoit la première. Je refuse désormais de porter des vêtements que je ne choisis pas moi-même. Mais je reste prudent et fais passer les choses en douceur. Pour recouvrer la liberté de m'habiller et de sortir, je deviens fin stratège. Je les sais particulièrement sensibles à la docilité et à la serviabilité, alors je ne conteste plus rien. Je me montre sous mon meilleur jour et plein d'attentions. Chaque jour, je marque des points et leur vigilance se relâche. La secte fait passer les dociles pour des êtres mûrs et responsables. Je joue donc ce rôle au sein de ma famille pour acquérir ce statut. Par chance, mon frère Frédéric est en perpétuelle rébellion. Il s'oppose souvent à mes parents. Sans le savoir, il m'aide beaucoup. Mes parents se focalisent sur lui et leur surveillance, à mon égard, faiblit. L'effet est des plus concluant : j'arbore des baggies, pantalons larges à poches qui tombent sur de grosses baskets non lassées. J'ai bien droit à un « *Tu es sûr de vouloir porter ça ? Je n'aime pas trop* ». Mais humour et concessions feintes évitent l'affrontement.

–Promis maman, je ne le porterais pas en ville !

En peu de temps, elle me laisse aussi le faire.

Ma mentalité a évolué, ma garde-robe se renouvelle un peu et ma transformation extérieure et intérieure ne passe pas inaperçue dans ma classe à mon retour en septembre. Le changement est radical ! Je simplifie mes rapports. Je m'intéresse sincèrement aux autres sans essayer de les convertir. Je suis enfin accepté et me fais des amis dans ma classe. Mais le prosélyte intérieur ne lâche pas prise comme ça. Je profite de cette confiance nouvellement acquise pour certifier à mes camarades que les *TJ* ne sont pas une secte. Nous sommes en cours de français. Nous étudions Rousseau qui était protestant. L'un de mes copains l'est aussi.

–Jérémie, tu feras un exposé sur le protestantisme !
–Vous savez madame, il y en a d'autres dans la classe qui ont des croyances particulières. Nicolas est Témoin de Jéhovah.
–Intéressant ! Nicolas tu feras aussi un exposé sur tes croyances.

Que n'avait-elle pas dit là ! Je me plonge dans la littérature de la secte et prépare un historique des *TJ* depuis un siècle. Enfin la version des *TJ* eux-même, très élogieuse. Et c'est reparti pour un tour ! Je suis en train de reprendre les mystifications de la secte et je m'apprête à les diffuser encore davantage. J'argumente pour justifier le refus du sang et la *prédication* de porte en porte. Mon exposé est un succès. Je suis parfaitement habitué à l'exercice ; les *TJ* m'ont enseigné depuis tout petit toute la mécanique de l'expression en public. Mon intervention en classe est calquée sur les sujets présentés à la *Salle du Royaume*. Je suis si efficace et bon orateur que je convaincs la classe et le professeur qu'il m'est légitime de préférer mourir plutôt que d'accepter une transfusion sanguine. De quoi bien préparer le terrain en vue d'une conversion. C'est ça aussi le prosélytisme en milieu scolaire. J'en profite pour distribuer plusieurs livres. Opération séduction réussie. J'ai le cœur plus léger tout de même. Je me suis un peu racheté auprès de *Jéhovah* en le défendant.

Au temps du collège, j'avais hâte de rentrer à la maison, maintenant je fais tout mon possible pour prolonger au maximum les moments passés avec mes amis lycéens. Fausses excuses et prétextes fallacieux me permettent de retarder mon retour à la maison.
Je m'éloigne de mes amis adeptes, je supporte de moins en moins la vie familiale, tout en continuant à faire bonne figure. Les *réunions* de la *congrégation* me sont de plus en plus insupportables. Mon quotidien de *TJ* est tellement fade à côté de ce que je vis à Caen. Et si les gens du *monde* n'étaient pas des êtres diaboliques ? Doucement, la déconstruction de mon engagement sectaire s'amorce. Cependant, je suis toujours incapable de célébrer mon anniversaire. Je participe à ceux de mes amis, leur offre des cadeaux, mais je ne parviens pas à chanter « happy birthday ». Je leur ai caché ma date de naissance, alors ils m'organisent un « Non-Anniversaire » en plein mois de mars, avec gâteau et présents. Comme dans « Alice au pays des merveilles » ! J'en suis ému aux larmes. Ils ne peuvent pas imaginer à quel point leur geste me touche.

Dans ma « *famille spirituelle* », en revanche, l'hypocrisie ambiante, l'espionnage, les commérages, la suspicion, les reproches, le chantage me pèsent de plus en plus. Je m'en ouvre à un *ancien* de la *congrégation* qui a réponse à tout comme d'habitude.

–C'est une épreuve de plus que Jéhovah nous envoie pour prouver notre fidélité et notre ténacité. Certains Témoins ne survivront pas à Armageddon, mais il faut laisser Jéhovah régler ça. Il faut patienter, endurer et prier jusqu'à la guerre de Dieu.

–Non seulement je dois me méfier des gens du monde, mais aussi de la congrégation. Ça n'a pas de sens. Je ne suis donc en sécurité nulle part.
–Lorsque que Paul parlait « des loups dans la bergerie », il parlait de la congrégation, pas du monde. Il faut s'attendre à des mises à l'épreuve au sein même du peuple de Dieu.

Loin de me rassurer, cet *ancien* me pousse à la révolte. Je profite d'être seul avec mon frère dans la maison familiale pendant les vacances d'été pour régler quelques comptes. Mes parents sont partis dans le sud. Et on m'a donné une allocution à présenter pendant une de leurs semaines d'absence. L'occasion est trop belle ; je la saisie. Je décide de faire, du haut du pupitre, le procès de la *congrégation*. Je me suis bien rendu compte qu'on peut faire dire à la Bible tout ce que l'on veut : il suffit de sélectionner les bons passages. Je n'aurai donc aucun mal à utiliser l'extrait qui m'est assigné pour diffuser mon message. Je passe en revue les comportements insupportables au sein de la *congrégation*. Je ne cite aucun nom, mais les cibles se reconnaîtront à coup sûr. Il y en a pour tout le monde.

Le jour J, je suis stressé. J'ai, dans ma poche, un sujet « normal », préparé au cas où je n'oserais pas, au dernier moment. Tandis que je me dirige vers l'estrade, une sueur froide perle dans mon dos, mes oreilles bourdonnent. Je regarde l'assistance me prêtant passivement attention. Cette vision me donne le courage nécessaire. Je commence mon sujet classiquement et personne ne s'attend au cyclone. Je suis plutôt bon en lecture et mon ton est impeccable. L'emphase, la nuance, tout y est. Mon auditoire, détendu par la litanie rassurante, ne va pas tarder à se réveiller brutalement. Dans le verset lu, une petite phrase sortie du contexte va servir mes intentions. Les *TJ* le font sans cesse pour justifier leurs théories. Je ne vois pas pourquoi je ne prendrais pas les mêmes libertés !
J'aborde l'explication de texte et le ton change ! Je sens aussitôt la curiosité poindre ; l'inquiétude se devine sur quelques visages. Ordinairement, la construction de mes sujets est prisonnière du carcan imposé. Là, je sors mes auditeurs de leur torpeur habituelle.

–Jésus ne critiquait-il pas les Pharisiens et les Sadducéens pour leur hypocrisie, les comparant à des tombes blanchies, belles à l'extérieur

Nicolas, 25 ans, rescapé des Témoins de Jéhovah

mais pleines d'ossements à l'intérieur ? Comment justifier les sourires et les amabilités de surface lors des réunions alors que, partout, ce n'est qu'espionnage et médisances ? Le monde est déjà difficile à supporter pour les jeunes. Ils n'ont même pas droit à un répit dans la congrégation, censée être un paradis spirituel. Ils sont espionnés et brimés à la moindre occasion. N'est-ce pas à Dieu qu'appartient le jugement ? Comment expliquez-vous que tant de jeunes de la congrégation soient partis ? Il est temps de nous remettre en question si nous ne voulons pas en perdre d'autres. Nous sommes obsédés par le péché et nous faisons peser un poids culpabilisant insupportable sur nos frères et nos sœurs et sur les jeunes en particulier. Est-ce à cela que ressemble la Vérité dont nous vantons les vertus ? Est-ce à cela que le peuple de Dieu doit ressembler ? Frères et sœurs, gardons-nous bien d'exiger de nos compagnons dans la foi la perfection que nous ne serons censés acquérir qu'au bout de mille ans dans le paradis. Encourageons-nous plutôt les uns les autres plutôt que de nous critiquer. Notre congrégation ressemblera assurément au paradis futur que nous attendons tous.

Je n'ai pas repris mon souffle pendant ma tirade de peur que le conducteur de l'école ne m'interrompe ou ne coupe le micro. Je les ai tous pris de vitesse et par surprise. La bombe a explosé. Il n'y a plus qu'à attendre les retombées. Le conducteur de l'école, hébété, est sous le choc. Les regards sont mitigés. Ici, la colère. Là, l'incompréhension. Ailleurs, un semblant d'approbation. Je plie ma feuille, je prends ma bible et redescends les quelques marches de l'estrade. Je dois soutenir tous les regards pendant que je regagne ma place au fond de la *Salle*. Qu'est-ce qui m'a pris ? Je m'assois et j'attends. Le conducteur de l'école, défait, va-t-il sanctionner mon initiative ? Il se contente de me fixer un rendez-vous après la *réunion* pour discuter du point à travailler la prochaine fois. En période de vacances, tous les *anciens* sont partis. Il assure l'intérim et n'a pas l'habitude d'endosser ce rôle.

-Bon... euh... je ne sais pas trop quoi te dire ! Tu es sorti du cadre du chapitre à lire. Il y avait beaucoup de points que tu aurais pu traiter et tu n'as choisi qu'un tout petit bout de verset pour lancer ton sujet.
-Je sais. Mais je ne supporte plus l'hypocrisie qui règne.
-Le pupitre n'est pas le lieu pour faire la morale à la congrégation. Ça n'est pas constructif. Tu ferais mieux d'en parler avec un ancien.
-Je l'ai fait. Mais il n'ont rien fait. Rien ne change.

−Ça n'est pas à toi de faire ce genre de choses. Il faut laisser Jéhovah affiner la congrégation.
−Tu as raison. Je n'aurais pas dû.

J'ai compris depuis bien longtemps les vertus de la docilité ! Il pense que son sermon a été efficace et me laisse, satisfait de lui. Quelques frères et sœurs défilent pour me féliciter d'avoir dit tout haut ce que tout le monde pense tout bas. Les premiers à me congratuler sont ceux que je visais directement. Je suis écœuré car je sais qu'ils seront les premiers aussi à aller se plaindre aux *anciens* dès leur retour. Et pas seulement à eux !

L'affaire fait grand bruit et mes parents, revenus, apprennent vite mon « dérapage ». Une avalanche de reproches leur tombe dessus. Mais je les avais prévenu moi-même, dès leur arrivée, coupant ainsi l'herbe sous le pied aux délateurs. Ils ont ainsi pu se rendre compte de la façon dont mes propos furent déformés, travestis, amplifiés lorsqu'ils leur furent rapportés. Ils ne cautionnent pas mon attitude, mais ils ne manquent pas de remarquer les attaques exagérées, injustes, dont je fais l'objet. Ils supportent tout de même mal que les feux de la *congrégation* soient braqués sur eux. Les *anciens* me demandent de justifier mon acte, considéré comme une petite rébellion contre le système. Je sauve les meubles prétextant que je souhaitais simplement mettre fin au flot incessant de critiques, ragots, délations et commérages. Je vois surtout mes interventions au pupitre considérablement revues à la baisse. Nicolas représente potentiellement un danger.

Cette dernière année de terminale me lie encore davantage à ma petite famille du lycée. Un accord tacite nous unit maintenant : mes camarades ne tentent rien pour m'extraire de la secte et moi je renonce à les *prêcher*. Je vais avoir dix-huit ans, mais il n'y aura pas de fête. Je le crois, du moins. Ce jour-là, quand j'entre dans la classe, tout le monde se lève et entonne « Joyeux Anniversaire ». Un gâteau orné de dix-huit bougies arrive sur un plateau. J'ouvre des tas de cadeaux. J'ai les larmes aux yeux. Mes amis savaient qu'en ne me mettant pas au courant, je ne serais pas tenu pour responsable de la célébration de mon anniversaire. Je suis heureux, je me sens aimé. De retour à la maison, les bras chargés de présents, j'ai un peu moins bonne conscience. Que vais-je raconter à mes

Nicolas, 25 ans, rescapé des Témoins de Jéhovah

parents ? J'ai encore le souvenir amer du petit livre sur le sapin dont j'avais été contraint de me séparer. Cette fois, il est hors de question de me priver de ces témoignages d'affection. Je tiendrai bon.

Le mouvement me perdait un peu car je commençais à penser par moi-même. Mais le formatage sectaire était tenace ! J'assistais quand même à toutes les *réunions* et allais en *prédication* chaque samedi. Je lisais la bible et récitais ma prière tous les soirs. Aucune de mes habitudes n'avait en fait changé à la maison. Je menais ma double vie de schizophrène. J'étais toujours convaincu du bien fondé de l'enseignement jéhoviste. Je doutais simplement du fait que tous les gens *du monde* soient nécessairement méchants. Mais *Armageddon* résonnait toujours en moi ; perspective inéluctable d'être condamné à mort pour mon homosexualité.

Outre un réel dédoublement de personnalité, je développe des sentiments violents. Je suis persuadé que chaque humain sur terre, *non TJ*, est voué à une mort certaine, sans espérance de *vie éternelle*. L'idée même que ma famille de cœur disparaisse m'est insupportable. Mes amis n'ont que faire de mes convictions. Ils mourront donc à *Armageddon*. A moins que …
Si je les tues, ils ressusciteront directement dans le *paradis*. Ils verront que j'avais raison et auront une chance de vivre éternellement. Moi de toute façon, je suis condamné alors autant me suicider après. Au moins je les aurais sauvé …en les assassinant. Cette pensée m'accompagnait quotidiennement et m'obsédait. J'en étais arrivé à concevoir le meurtre comme moyen de survie. Par chance, je ne suis jamais passé à l'acte.

Mon esprit est sans cesse torturé. Ma vie intime tourmentée. J'ai pu confier à mon petit cercle d'amis que j'aime les garçons ; et personne ne s'en émeut. Tout le monde accepte mes préférences. Cela me rend la vie un peu plus légère et me fait d'autant plus aimer mes amis. Je découvre internet et surfe des heures sur les forums de discussions gay. J'y fais mes premières vraies rencontres. Sur le chat-room, je me présente comme un hétéro aimant les câlins avec un garçon sans qu'il y ait de sexe. Si je ne couche pas, je ne pèche pas. Je peux ainsi avoir droit à un peu de sensualité sans commettre l'irréparable. Je discute longuement avec un étudiant de Caen. Nous décidons de

prendre un verre ensemble. Le contact passe bien, il me plaît, je lui plais. Nous nous revoyons. Pendant plusieurs semaines, nous nous en tenons à des gestes tendres. Bien sûr, je ressens l'envie d'aller plus loin et lui aussi, mais je suis retenu dans mes élans ; pour la secte, coucher avec un garçon serait le pire crime que je puisse commettre !
Les jeux érotiques avec mes amis *TJ* ne portaient pas bien à conséquence. Là, je me trouve dans une tout autre situation. Je suis en train de concrétiser une relation amoureuse avec un garçon. Et si nous faisons l'amour, je transgresserais complètement les lois jéhovistes. Mais l'envie de me donner à lui devient la plus forte. Je culpabilise de ne pas lui donner quelque chose dont il a légitimement envie, vue le point de notre relation. Nous faisons l'amour. Mais je ne cesse de penser que je commets l'irréparable et suis incapable d'éprouver le moindre plaisir. L'idée de ce Dieu voyeur m'observant dans l'intimité me paralyse. Tant que je ne vivais pas mon homosexualité, *Jéhovah* pouvait encore me tolérer au moins par pitié. Maintenant, j'ai brisé le dernier rempart. Je suis perdu. Condamné à mort. Je ne suis pas encore capable de m'assumer. Notre étreinte terminée, je me sens humilié, sale, avili et repousse mon amant, Il me faut un Bouc émissaire et j'en viens à le détester. C'est sûr, Satan l'a utilisé pour me piéger ! Tout est de sa faute ! Je quitte précipitamment son appartement sans même lui dire au revoir, le laissant hébété, assis sur son lit. Comment pourrait-il comprendre mon comportement ? Il ignore dans quelle dualité je me débats. À peine sorti de l'immeuble, je suis pris de violentes nausées. Je vomis sur le trottoir. J'ai envie de mourir. Il s'en faut de peu que je ne me jette dans le canal tout proche. Je me mets à prier *Jéhovah*, en larmes :

-*Pardonne-moi ! Pardonne-moi ! Pardonne-moi !* ...

Je ne sais ni penser ni dire autre chose. J'ai l'impression que mon *péché* se lit sur mon visage. Tout le monde, j'en suis sûr, peut voir l'abomination que j'ai faite. Rentré chez moi, je lis la Bible, j'étudie une *publication*, je m'immerge dans l'univers sectaire pour faire taire ma culpabilité torturante. Le souvenir amer de la journée finit par s'estomper.

Nicolas, 25 ans, rescapé des Témoins de Jéhovah

Je décide de ne plus aller sur les forums. Je coupe les ponts avec ce premier amant d'un simple SMS lui demandant de m'oublier. Mais, tiraillé de l'intérieur, mes bonnes résolutions ne tiennent pas et je finis par en rencontrer un autre. Triste répétition de ma première expérience : les mêmes réticences, les mêmes peurs du regard de *Jéhovah*, puis l'acte, le rejet de l'autre, le dégoût de moi, l'envie de mort, la replongée dans la littérature sectaire, les résolutions pour me racheter… Prisonnier de ce cercle vicieux, je me déprécie, m'humilie, me considère comme un sous-homme incapable de vaincre ma faiblesse. J'en parle à mes amis du lycée. Ils ne peuvent que constater ma souffrance. Les lois des *TJ* m'empêchent d'être heureux. Ils essayent de m'ouvrir les yeux, de mettre en exergue les contradictions qui secouent mon existence et agitent ma conscience. J'oppose, à chaque argument avancé, une réponse formatée. Je rejette tout en bloc. Malgré toute leur amitié, leur bonne volonté, ils échouent car ils ne sont pas suffisamment informés sur mes croyances pour pouvoir les contrer efficacement. Définitivement.

CHAPITRE 12
Piqûre de rappel

Ma majorité nouvelle apporte son lot de bouleversements. Ma *carte d'instructions médicales*, notamment, n'est plus valable. Je suis majeur et ce document, signé par mes parents, n'a plus de valeur. Je suis désormais légalement en âge de prendre moi-même une décision en cas d'accident grave. Ils ne peuvent plus exiger d'être prévenus en premier. Et l'autre carte estampillé « *Pas de sang* » est uniquement destinée aux membres *baptisés* de la secte. Je suis donc invité par la secte à remédier à cela en rédigeant, sur papier libre, une note stipulant « mon choix personnel » de refus de transfusions sanguines en cas d'urgence et « ma volonté » que mes parents ou un *ancien* de la *congrégation*, soient prévenus immédiatement. D'ailleurs, au sein du mouvement, on ne comprend pas ce qu'attend un garçon majeur, bon orateur, bon *prêcheur* pour se faire *baptiser* ! Cette pression, ils doivent me la faire subir eux-mêmes à présent, car le service militaire s'en chargeait jusqu'alors à leur place, mais il n'est plus maintenant obligatoire. Jusqu'à récemment, les jeunes *Témoins* devaient faire un « choix » : partir sous les drapeaux et être rejetés par la *congrégation* ou se faire *baptiser*, devenir objecteur de conscience et passer entre huit mois et deux ans en prison. La secte bannit tout engagement politique ou militaire ; un *TJ* ne peut donc pas servir son pays, ni saluer les couleurs, ni chanter la Marseillaise, ni voter. Forte de ces interdits, la secte en profitait pour pousser les futurs appelés à se faire *baptiser*. Les objecteurs se retrouvaient en prison. En tant que *TJ*, ils étaient regroupés dans des cellules à part et recevaient régulièrement la visite d'*anciens*. L'influence sectaire et le *prêche* d'autres détenus pouvaient s'exercer, aux frais du contribuable. Comme les *TJ* ne suscitaient pas

la méfiance, on leur confiait des taches administratives, ils avaient donc souvent accès aux ordinateurs des maisons d'arrêt et donc aux listes des détenus et ex-détenus, coordonnées, dates de libération. Cette population vulnérable, exclue de la société, voyait ensuite les *prédicateurs* débarquer à leur domicile !
Beaucoup de *TJ*, ex-prisonniers avaient peu d'espoir de trouver, à leur sortie, les postes escomptés. C'était bien le but de la manœuvre, la promotion sociale à l'extérieur de la *congrégation* n'ayant jamais été encouragée. On comprend pourquoi la secte, si procédurière lorsqu'il s'agit de ses intérêts financiers, n'a rien tenté pour faire évoluer la législation qui envoyait, chaque année, des milliers de jeunes *TJ* derrière les barreaux comme objecteurs de conscience. J'échappe heureusement à tout cela et prends mon temps pour faire mon « choix » de me faire *baptiser*, inéluctable de toute façon.

A Lisieux, comme dans toutes les *congrégations* de France, *les résolutions* font leur apparition. Il s'agit de lettres émanant du siège de la secte nous faisant part de projets ou d'appels de fonds. Les *TJ* veulent se différencier des catholiques qui pratiquent la quête pendant l'office, ils prétendent donc que les dons sont volontaires et laissés à la discrétion de chacun. Mais avec ce système la secte n'était jamais assurée de rentrées d'argent régulières. L'*ancien*, chargé de lire le courrier, propose la résolution au vote à main levée. Evidemment, tout le monde lève la main, sous le poids du regard des autres. De fait, toutes les résolutions sont adoptées et de plus en plus fréquentes. À chaque début de mois donc, les sommes « votées » par la *congrégation* sont ponctionnées en premier par la secte et, avec le reste, la communauté règle ses frais de fonctionnement. S'il n'y a pas suffisamment, des injonctions à plus de générosité nous sont faites. Même embrigadé, je trouve ce racket un peu exagéré et le procédé pas très démocratique. Je ne suis d'ailleurs pas le seul. Les charges financières commencent à être lourdes. Mais sous la pression du regard des autres, personne ne s'y oppose jamais. En dehors de la *Salle du Royaume*, des *TJ*, interrogés individuellement, avouent en avoir assez des sollicitations. J'en parle à un *ancien*.

-Si ce système existe, c'est que Jéhovah le permet et donc que c'est un bon système, sinon le Collège Central l'aurait modifié. Tu dois

avoir confiance dans l'organisation, elle gère les intérêts du peuple de Dieu sur la terre. Et tu me parles de système non démocratique, mais nous ne sommes pas en démocratie dans la congrégation, nous vivons en théocratie.

Pas très convaincant ! Comme d'habitude.

D'autres choses ne changent pas. Ma mère s'évertue toujours à me mettre en garde contre l'usage que ne manquera pas de faire Satan des liens d'amitié que j'entretiens avec des *non Témoins*. Une fois encore, mes amis sont diabolisés. Mais à 19 ans, je ne me laisse plus si facilement impressionner sur le sujet. L'un d'entre eux pour fêter notre dernière année ensemble, m'invite à un week-end pour fêter son anniversaire à Cherbourg. Presque toute la classe y sera réunie. Je ne peux rater l'événement. Le stratagème, qui avait assez bien marché au collège, va pouvoir resservir ! Je mets sur pied le même subterfuge avec mes amis et la complicité de leurs parents. La mère de mon copain vient voir mes parents, lors d'une rencontre parent/professeur, pour m'inviter officiellement à la fête, bien entendu présentée comme une simple soirée d'adieu entre camarades de promotion. Soucieux de leur image parfaite de gentils *TJ*, ils sont contraints d'accepter, mais cette fois-ci, ils sentent que j'y suis mêlé et m'en veulent de les placer devant le fait accompli...

Le jeu en valait la chandelle. Quel week-end ! Inoubliable ! Je goûte à une vraie liberté, pour la première fois. Tous mes amis et leurs parents font de mon séjour un moment unique. Ils savent tous ce qu'il m'en a coûté pour répondre à l'invitation et j'ai presque l'impression que c'est à moi qu'est destinée la fête tant les attentions pour moi se succèdent. Les deux jours passent vite et repartir est un déchirement. Je ne veux pas retourner dans ma famille. Je me sens tellement plus chez moi chez mes copains. Mais il me faut bien rentrer et je sais qu'il me faudra encore mentir à mes parents. Ils ont totalement perdu le contrôle et cela les déstabilise complètement. Ils ne savent plus que penser ou faire. Moi, j'ai tout filmé de mon week-end. Mes parents n'en ont rien su et des semaines durant je me repasse en cachette la vidéo de mon expédition.

Nicolas, 25 ans, rescapé des Témoins de Jéhovah

CHAPITRE 13
Retour de flamme

La fin de l'année scolaire arrive et avec elle le temps des adieux. Chacun va suivre son cursus. Nous serons dispersés dans toute la France. Je vais rester à Caen en BTS Architecture Intérieure. Je suis la voie que mes parents voulaient.
Cet été, je décide d'accompagner mes parents en vacances à Saint-Jean-de-Luz en Pays Basque pendant deux semaines. Comme d'habitude, ils prennent les coordonnées de la *congrégation* locale, nous emportons cartables et costumes et, à huit-cent kilomètres de la maison, nous assistons trois fois par semaine aux *réunions*. Le premier mardi de nos vacances nous faisons la connaissance d'une autre famille, originaire de Lorraine en vacances aussi dans la région. Nos familles sympathisent et nous passons les vacances tous ensemble.
D'origine algérienne et italienne, cette famille a un mode de vie plus tolérant que le nôtre et, à son contact, mes parents se transforment. Je les vois même commencer à accepter l'inacceptable. Le mari de l'une des *TJ* rencontrés sur place est *non-croyant* ; ce qui ne les empêche pas de vivre ensemble en harmonie. C'est une situation très mal vue. Mes parents sont un peu pris au dépourvu mais se laissent gagner par la légère permissivité ambiante, aidés par le dépaysement et la détente, sans dépasser, bien entendu, certaines limites. Quelques gros mots fusent même parfois alors qu'ils sont proscrits chez nous, mais ma mère ne bronche pas. Cette mixité apparemment bien vécue entre *TJ* et *non TJ* me réconcilie avec le mouvement. Amputé de mon cercle d'amis du lycée, je fais un transfert sur cette nouvelle famille attachante et je subis de plein fouet son influence. J'ai de longues discussions avec le père *TJ*. Il est

persuasif et impressionnant. *Ancien* dans sa *congrégation*, il incarne l'autorité et je le regarde avec admiration, galvanisé par son discours. Il est simple, amicale, affable. Tout ce qui m'attire. Il a fait partie d'un groupe de rock, jadis. Il a profité de ses jeunes années, pas comme mes parents dont la jeunesse n'avait rien de très excitant. Où alors, ils ne s'en souviennent pas. Je me retrouve beaucoup en lui. Je lui fais toute confiance et retombe complètement dans l'embrigadement sectaire : il devient pour moi comme un mentor. Je lui pose des questions sur les *TJ*, et à chaque question, il me fournit une réponse logique et simple. Trop peut-être mais je ne m'en rends pas compte. Je finis par me confier à lui.

-Tu sais... j'ai fais des choses... je ne pense pas que Jéhovah puisse me pardonner...
-Mais non ! Quoi que tu aies pu faire, tu n'es pas définitivement condamné.
-Ah bon ?
-Si tu te repens sincèrement et que tu t'investis d'avantage dans la *congrégation*, tu seras pardonné. Tu verras !

Tout n'est donc pas perdu ! Je peux encore espérer accompagner mes parents dans le *paradis*.

Rentré en Normandie, je décide de remettre de l'ordre dans ma vie et me replonge dans l'étude intensive des *publications* de la secte. Je me mets à *prêcher* de plus belle. Je brûle toutes mes revues gay dans le jardin pour me débarrasser de tout ce qui est banni. Je « décide » de ne plus être homosexuel et de régler mon « problème » une fois pour toutes. Mais mes bonnes résolutions sont vite oubliées, dès la reprise de l'année scolaire. Cette première année de BTS s'annonce morose ; je suis nostalgique de mes années au lycée. Je n'ai pas d'affinités avec mes nouveaux camarades. Heureusement un élève de mon ancienne classe me rejoint en début d'année ! Je me raccroche à lui et à tous les bons souvenirs des années précédentes mais cela ne suffit pas à me faire prendre mes distances avec la secte ; mon cercle d'amis du lycée avait réussi cette prouesse. Mais tout est à refaire maintenant. Sans leur aide, leur vigilance, je retourne à la case départ et je m'enfonce chaque jour davantage. Je recommence à me flageller moralement et physiquement. J'ai peur de revivre un cauchemar pas si lointain. Une bouée de sauvetage inattendue me tire d'affaire. Je me fais draguer par une fille d'une autre classe. C'est la première fois. L'occasion de me prouver que je suis « normal » est trop belle. Mais nos rendez-vous se terminent presque à chaque fois en disputes, nous finissons par nous séparer et je retourne sur les chats gay. C'est irrépressible. Le calvaire du lycée reprend de plus belle. Je rencontre des garçons mais me refuse à partager quelque intimité avec eux, sachant ce que cela entraînera. Je prie toujours autant *Jéhovah* pour qu'il m'aide à chasser mes mauvaises pensées. Des dizaines de prières quotidiennes. Mais aucune réponse. Alors, toutes les semaines, je téléphone à mon mentor Lorrain et dès les premières vacances scolaires, il m'invite à venir me reposer chez lui.

La veille de mon départ, je renonce à une aventure de peur de ne pas pouvoir regarder mon nouveau guide en face. Déjà, dans le train, je l'appelle. J'ai besoin de l'entendre pour résister à mes envies. Sa force de conviction fait le reste. Mais, bientôt, la réalité du quotidien aura raison de l'image idéalisée de cette famille. Si ce père de famille sait comment me persuader de m'investir dans la secte, il échoue néanmoins avec ses propres fils. L'aîné se rebelle, ne voulant rien entendre sur *Jéhovah*, et j'assiste à de violentes disputes. Malgré cela, au terme de mon séjour, le père m'a tellement convaincu des bienfaits que peuvent m'apporter les *TJ* que je rentre chez mes parents avec la ferme intention de me faire *baptiser*. Je serai alors enfin considéré comme *Témoin de Jéhovah* à part entière.

Pour marquer sa différence avec l'église catholique, la secte précise qu'« *un TJ n'est pas baptisé à la naissance car il n'est conscient de rien ; il prend sa décision quand il se sent prêt et en émet le réel désir, après mûre réflexion* ». Mais il n'est pas question de réflexion dans cette décision, uniquement d'influence et d'injonctions. Celles là mêmes qui me font « *prendre le baptême* » à mon tour. Mon père est heureux, mais sans effusions. En revanche, ma mère, elle, m'étreint les yeux embués de larmes. Depuis le temps qu'elle attend ça !

–Comme je suis heureuse, mon chéri ! Si tu savais comme je suis fière de toi ! Si tu savais comme je suis soulagée. J'ai fait une promesse à Jéhovah : tant que tous mes enfants ne seront pas baptisés, je ne m'occuperai pas de moi !

Nicolas, 25 ans, rescapé des Témoins de Jéhovah

–...

Cet aveu de ma mère est terrible. Je réalise à quel point elle met son bonheur au conditionnel et nous en fait porter la responsabilité. Je comprends mieux son état dépressif et inquiet de toujours.
En fait, le *baptême* fait suite à une étape que la secte appelle « *se vouer à Dieu* » ; cela consiste en une prière dite dans l'intimité et dans laquelle on fait don à *Jéhovah* de sa vie. Je le fais donc. Un soir dans ma chambre. Je m'agenouille au bord de mon lit. Les coudes sur ma couette. Mains jointes devant le visage.

–Père Jéhovah, je sais que les années écoulées ont été chaotiques. Mais je suis revenu vers toi et j'ai pris une grand décision. Je veux me vouer à toi et me faire baptiser. Je veux consacrer ma vie à ton service. Œuvrer pour les intérêts de ton organisation terrestre. Père Jéhovah, si tu agrées cette demande. Je te remets cette prière, bien humblement, au nom et par les mérites de ton fils Jésus, notre sauveur et roi. Amen.

Sitôt fait, à la *réunion* suivante, je vais voir un *ancien*.

–Je souhaite prendre le baptême.
–... C'est formidable. Je suis très heureux. On va organiser la suite des événements.

Tout est régi, là encore, par un protocole précis. Mais je ne mesure pas à quel point cette décision va être lourde de conséquences pour moi, ma famille et la *congrégation*.

Tout semble bien parti jusqu'à ce que j'en parle à une amie *TJ* proche de la famille. C'est avec elle et son mari que, des années durant, nous partions en vacances. Nous nous étions un peu perdus de vue ces derniers temps. Je trouve donc que cette nouvelle à lui annoncer est un bon moyen de reprendre contact.

–Allô ! Comment vas tu ? Je voulais t'annoncer une grande nouvelle, que tu sois parmi les premiers au courant. Je vais me faire baptiser.
–Ah... ! Tu es sûr de toi.
–Euh... oui... pourquoi ? Je m'attendais à un peu plus d'enthousiasme de ta part.

–... (silence gêné) ... *Je ne trouve pas que c'est une bonne idée. Je suis au courant de choses que tu as fait ... et je ne suis pas la seule de la congrégation à le savoir...*
–... (sueur froide) *tu veux parler de mon histoire avec cette fille.. Tu sais c'est term...*
–Non ! *Il ne s'agit pas de filles mais plutôt de garçons.*
–... Je...qu'est ce que c'est que cette histoire ? D'où sors tu une histoire pareille.
–C'est V. qui me l'a dis.
–(le sang quitte ma tête) ... J'arrive tout de suite.

Si tout le mouvement le sait, c'est la catastrophe. Mes parents ne vont plus tarder à connaître mon secret. Pris de panique, j'appelle l'*ancien* à qui j'avais annoncé mon souhait de « *prendre le baptême* ». Il n'avait pas réagi ; il n'est donc pas au courant.

–Allô ! Didier ? Est-ce qu'on peut se voir samedi matin ? Il faut que je te parle.
–Euh oui bien sûr. Est-ce que tout va bien ?
–Oui, oui... je veux juste discuter de mon baptême..
–Très bien pas de soucis à samedi...

Je saute dans la voiture, prétextant une course et arrive chez « l'amie ».
J'apprends les détails de l'histoire.

–Il y a quelques temps, V. a embrassé de force ta sœur Magali. Elle en a parlé à sa copine qui m'en a parlé. Quand j'ai téléphoné à V. pour savoir si c'était vrai. Il a répondu que oui, mais qu'il y en avait qui avaient fait bien pire. « Nicolas par exemple ... » et il m'a tout dit. Il en a parlé ensuite à sa sœur et sa mère, qui en parlèrent à leur tour... Toute la congrégation est au courant que tu as couché avec des garçons.
–Mais c'est terminé tout ça pour moi ! C'est réglé depuis longtemps ! C'est le passé !

C'est un véritable cauchemar. Je vais me réveiller. Heureusement, la rumeur n'est pas parvenue jusqu'aux *anciens* ni jusqu'à ma famille, je peux encore rattraper les pots cassés.

Nicolas, 25 ans, rescapé des Témoins de Jéhovah

Je suis défait. Il va me falloir rendre des comptes à la *congrégation* sur ma vie intime. Le samedi suivant, je rencontre l'*ancien* et je lui révèle tout. Enfin, presque tout. Ne souhaitant pas entraîner d'autres camarades *Témoins* dans ma chute, y compris mon délateur, je sélectionne mes informations et tais les noms des jeunes *TJ* avec qui j'avais des relations. Puisque pour moi les choses sont réglées, inutile d'envenimer la situation pour d'autres. L'*ancien* reste hébété : j'ai mené une double vie et j'ai trompé mes parents et la *congrégation*, en leur donnant l'image qu'ils voulaient voir.

-...(silence gêné) Eh bien, tu as beau être jeune, tu en as vécu des choses !
-Pour moi l'incident est clos. C'est le passé. J'ai réglé tout ça. Et j'ai demandé le baptême.
-Les choses ne sont pas si simple... toute la congrégation est au courant.
-Et ces commérages devraient être sanctionnés. Ils font du mal et risquent de blesser mes parents.
-Certes, tu as raison. Mais pour calmer les esprits, il faudra montrer que le problème à été réglé. On va devoir te mettre sous restrictions.
-... Attends... ce sont les autres qui colportent des détails qui ne les regardent pas sur mon passé et c'est moi qu'on punit. J'ai réglé les choses avec Jéhovah. Je ne leur dois rien.
-On n'a pas le choix pour que la congrégation retrouve son calme. Dire que le problème a été traité et te montrer sous restriction va arrêter net le commérage.
-... et mes parents...
-Ils poseront sans doute des questions. En tout cas nous ne donnerons aucun détails lorsque nous ferons l'annonce. Et on te communiquera la date pour que tu n'aies pas à être présent au moment de l'annonce.
-Bon puisqu'il le faut.

Je passe donc par tous les stades de la sentence doctrinale. Je me prête à cette mascarade et passe devant un *comité judiciaire* interne composé d'*anciens*. Les *TJ* s'arrogent le droit de juger les « *péchés* » de leurs *frères et sœurs*. Ce sont les *anciens* qui instruisent ces « procès », même s'il s'agit de viol ou de maltraitance, au mépris de la justice républicaine. Comme jadis ma grand-mère, je me présente devant cette pseudo cour de justice présidée par deux juges, deux *anciens* ; ils auraient été au nombre de trois si mes fautes n'avaient pas été confessées par moi mais dénoncées par d'autres *TJ*. Je dois raconter encore et encore, dans le détail. Ils sont inquisiteurs et voyeurs à la fois. Ils veulent tous les détails sur ma sexualité passée. Le nombre d'amants, les actes détaillés, la fréquence, les lieux, les aies-je revus,... une mise à nu systématique de mon intimité. Mais j'obéis aux *anciens*. Ils m'avouent ne pas être aptes à m'aider. À force de prières, *Jéhovah* m'aidera, lui, et me faire *baptiser* me donnera sûrement d'avantage de force. J'ai envie de les croire. On lit des *versets bibliques*, on fait des prières. Puis les *anciens* prévoient l'annonce publique à la *congrégation*. « *Nous portons à votre attention qu'une affaire a été réglée en rapport avec notre jeune ami Nicolas Jacquette* ». Je ne suis comme prévu pas présent ce jour-là. Mais les *réunions* suivantes seront pires : n'ayant communiqué ni les détails, ni le degré de gravité de « l'affaire », les *anciens* laissent l'imagination fertile des adeptes imaginer le pire, pour ceux qui ne seraient encore au courant de rien. Je suis donc mis sous restrictions pour montrer à la *congrégation* que je suis puni. Pendant près d'un an, je suis prié de m'installer au fond de la *salle*. Il m'est interdit de répondre en publique lors des sujets et je suis privé d'allocutions publiques. Une fois encore, je me plie docilement à ce régime humiliant. Mon *baptême* est suspendu, le temps que ma période de restriction punitive soit terminée. Au bout de l'année probatoire, je suis libéré, presque blanchi et je peux réitérer ma demande de *baptême*, plus rien ne s'y *opposant* désormais.

La machine se remet donc en route. Des *anciens* de la *congrégation* m'interrogent sur ce que l'on appelle « *les questions de baptême* » censées vérifier que je maîtrise les principes de base de la doctrine. Je règle cette formalité et suis officiellement inscrit sur la liste des candidats au *baptême* à la prochaine *assemblée de district* titrée « *Proclamateurs zélés du Royaume* ». Elle se tient à Chartres dans une *salle* de congrès les 5, 6 et 7 juillet 2002. Mon *baptême* aura lieu comme à l'accoutumée, le samedi. Je dois préparer pour l'occasion un maillot de bain le plus discret possible et une serviette. La veille, je retrouve tous les autres candidats au *baptême* dans une pièce pour un briefing.

-Bon, c'est juste une petite réunion informelle pour vous préparer au cas où des journalistes viendraient vous interviewer. On va voir ensemble quelques questions type au cas où. De toute façon, la

consigne c'est de les renvoyer vers les frères du service relations presse.

Le jour J arrive. J'ai 20 ans et je vais être *baptisé Témoin de Jéhovah*. Étonnamment, je ne me sens pas particulièrement heureux même si je fais bonne figure : je l'ai payé si cher ce *baptême*. Ma mère est submergée par l'émotion, au bord du malaise. « *Au moins un de sauvé* » se dit-elle. C'est l'un des plus beaux jours de sa vie. Il est censé l'être, pour moi aussi ... Elle a rempli sa mission de mère *TJ*. Je me souviens alors d'une de ses phrases.

-Je ne connaîtrai la paix de l'esprit que lorsque tous mes enfants seront baptisés.

Je fais donc une double bonne action en rendant ma mère heureuse, puisqu'elle ne peut manifestement pas y parvenir seule. Le *baptême* est considéré par les *TJ* comme le jour le plus heureux et le plus important de leur vie, avant même leur mariage ou la naissance de leurs enfants. De fait, comment comparer de simples joies humaines avec cet événement où l'on s'unit au créateur ? C'est en tout cas ce que l'on attend de moi. Le cérémonial du *baptême* est impressionnant. Il a lieu en public. Je suis assis au deuxième rang de la *salle*, juste en face de l'orateur, avec les autres futurs *baptisés*. Un discours est prononcé à notre intention. L'orateur nous montre une page blanche.

-Aujourd'hui, c'est comme si vous apposiez votre signature sur cette feuille en disant à Jéhovah de remplir le contrat.

A l'issue du discours, nous nous levons devant toute l'assistance. C'est le moment solennel. L'orateur nous interpelle.

-Sur la base du sacrifice de Jésus-Christ, vous êtes-vous repenti de vos péchés et vous êtes-vous voués à Jéhovah pour faire sa volonté ? Comprenez-vous qu'en vous vouant à Dieu et en vous faisant baptiser, vous vous identifiez à un Témoin de Jéhovah et vous vous unissez à l'organisation divine, qui est dirigée par l'esprit saint ?
-OUI (à l'unisson) !
-Vous êtes maintenant des Témoins de Jéhovah.
(tonnerre d'applaudissements)

Retour de flamme

Je suis avec une dizaine d'autres futurs *baptisés*, debout, devant une assistance de plusieurs milliers de personnes qui nous souhaitent la bienvenue. Le sentiment d'intégration est total.

-Nous allons maintenant chanter tous ensemble un cantique, ensuite les candidats au baptême rejoindront le lieu de l'immersion.

Dans la croyance de la secte, l'immersion totale symbolise comme une mort et une renaissance. On abandonne son ancienne vie dans *le monde* pour une nouvelle consacrée à *Jéhovah*.

Je suis les autres. En file indienne. Nous passons devant une piscine démontable bleue, ronde, d'environ quatre mètres de diamètre et d'un mètre cinquante de haut. Il y a un *TJ* en t-shirt blanc qui attend dans l'eau. Je passe au vestiaire. J'enfile mon petit maillot de bain noir. Et je sors. On va se faire *baptiser* à la chaine. Il y en a 5 devant moi. Je vois ma mère, les larmes aux yeux, qui me fait coucou dans la foule. Je lui souris en lui faisant signe. Ça y est c'est mon tour. Je gravis les marches du petit escabeau qui surmonte le bord de la piscine et entre dans l'eau. Le *TJ* en t-shirt s'approche de moi. Il me donne les instructions. Je dois m'accroupir et me boucher le nez d'une main dont je sers le poignet de l'autre. Coudes contre la poitrine. Il me met une main dans le dos, l'autre sur les bras et me fait basculer à la renverse.
… Le temps s'arrête…
Je suis sous l'eau. Je vois les petites bulles remonter rapidement à la surface. J'aperçois des silhouettes brouillées par l'eau, des bruits assourdis. Qu'est-ce que je fais là ? Trop tard pour y penser. Les bras qui m'avaient plongé me ressortent de l'eau. Je dégouline. La foule applaudit. Ma mère pleure. Mon père me fait un clin d'œil en souriant. Je quitte la piscine et vais me sécher puis repasser mon costume. Dans le vestiaire, une petite cabine en tissus avec un tabouret, j'ai besoin de m'asseoir. La tête tourne. Qu'est-ce que j'ai fait ? Je me sens vide. Pas du tout rempli de cette impression fabuleuse dont on m'avait parlé. Là, il n'y a rien. On me presse de sortir pour laisser la place aux autres. Je me rhabille sans hâte. Ils faut sortir les affronter tous maintenant et faire bonne figure.

Nicolas, 25 ans, rescapé des Témoins de Jéhovah

Ma mère est la première. A peine ais-je quitté les vestiaires qu'elle me couvre de baisers, en larmes.

–Je suis si fière de toi mon chéri !

Ensuite mon père, mon frère, mes sœurs et tous les *TJ* de Lisieux. Photos, films. Le moment est immortalisé. Je souris. Je sers des mains, je fais des bises. On me félicite mais je n'entends rien. Je n'ai qu'une envie c'est de m'échapper. Une *TJ* de ma *congrégation* s'approche.

–Je suis contente que tu te sois fait baptiser. Surtout après tout ce que tu as fait !
–... Merci (sourire jaune)

Même ce jour-là, il faut me rabaisser, m'humilier. Pour certains, je n'ai manifestement pas assez payé. Mais peu importe, je ne subirai plus longtemps leurs sarcasmes. Je ne les verrai bientôt plus. Je pars le mois suivant m'installer à Paris. Ah … Paris !

CHAPITRE 14
Le rat des champs à la ville

Mon récent *baptême* devient mon passeport pour la liberté et je peux emménager à Paris. Je m'installe dans un petit appartement dans le 20e arrondissement. Villa Gagliardini. Près de la Porte des Lilas. 21 m2, ça n'est pas grand, mais c'est chez moi. Pour la première fois. Dès mon arrivée dans la capitale, je prends naturellement contact avec la *congrégation* du quartier.
Le secrétaire me demande les coordonnées de mon ancienne *congrégation* pour que mon dossier lui soit envoyé, car tous les *TJ* ont un dossier personnel dans leur *congrégation* auquel ils n'ont pas accès, dont une copie est envoyée aux sièges de France et des États-Unis. Ici aussi, ils seront au courant de l'histoire. Moi qui voulais changer de vie, faire table rase du passé ! Je suis convoqué par les *anciens* qui veulent un rapport de mes fautes passées. Inquiets et voyeurs à la fois. Je dois tout répéter par le menu. Encore. Mais, à force de me jeter ma sexualité à la figure et de me demander de me remémorer mes actes pour les décrire, la secte produit un effet inattendu sur moi ; elle fait sauter des verrous et me donne envie à nouveaux de garçons. D'autant qu'à Paris il est plus simple de fréquenter qui on veut sans être vu.
Comme la *congrégation* est le premier lieu où il m'est donné de côtoyer des parisiens, je suis vite intégré à un groupe de jeunes. Je suis frappé par leur liberté. Ils mènent tous de front une vie dite spirituelle et une autre similaire à celle des gens *du monde*. Certains lisent de la philosophie, d'autres dansent la salsa, hobbies jugés inconvenants dans les *congrégations* provinciales. D'autres encore font médecine ou prennent des cours d'arts martiaux. Tout cela me paraît incroyable. Ces

Nicolas, 25 ans, rescapé des Témoins de Jéhovah

jeunes un peu en marge ne sont pas vraiment convaincus par la secte mais choisissent d'y rester par confort, pour éviter le déchirement d'être séparés de leurs amis et de leur famille s'ils venaient à la quitter. Ils pratiquent la politique du service minimum pour ne pas attirer l'attention. La plupart d'entre eux vivent chez leurs parents. Mon appartement est donc le lieu de ralliement presque quotidien de notre petit clan. L'un deux, sorte de Tanguy, étudiant de trente ans vivant encore chez ses parents, m'est particulièrement proche. Nous passons presque toutes nos soirées ensemble à discuter. L'intimité qui se crée entre nous me pousse à lui confier mes difficultés. Au lieu de me renvoyer à la littérature sectaire, comme l'avaient fait tous les autres *TJ*, il me prête « les Amours Interdites », le chef-d'œuvre de Mishima. Ce livre est une révélation. Je m'y découvre, comprend qui je suis et commence à déculpabiliser. Je ne saisis pas pourquoi ce *TJ* ne tente pas de me remettre sur la voie. Je comprendrai plus tard que sa grande amitié pour moi est alors plus forte que le dogme, même si lui ne s'autorise rien.

Dans le même temps, un de mes amis de Normandie, un ancien copain de classe de mon frère Frédéric, s'installe également dans la capitale pour suivre ses études. Un soir, je l'invite à venir passer la soirée chez moi. Ma petite équipe y est aussi. Je descend le chercher au rez de chaussée et en montant dans l'ascenseur.

-Il y a quelques amis chez moi. Tu verras ils sont tous sympas !
-OK super.
-... euh... ils sont tous Témoins de Jéhovah, ça ne te dérange pas ?
-... euh non... ça devrait... ?
-En fait, je le suis aussi.
-Je le savais par Frédéric. Mais je n'ai pas d'opinion sur la question. Je ne connais pas trop. Je n'ai rien pour ni rien contre.

Je compte bien le faire changer d'avis ce soir ! En bon petit *TJ*, je vois là une occasion de donner le témoignage et de faire un nouvel adepte. Très peu sûr de lui, il écoute beaucoup sans opposer d'arguments. Je me sens donc en position de force. La soirée terminée, je fais le bilan avec lui.

-Tu as vu ils sont tous sympa !

–Oui vraiment, j'ai passé une super soirée.
–Tu vois bien qu'on est pas une secte ; on a rien de sectaire.
–... effectivement... apparemment pas.
–Ce ne sont que des attaques injustes. Tu as pu t'en rendre compte.
–Je dirais que oui.

Et allez c'est parti ! Il a mis le doigt dans l'engrenage. Il n'habite pas très loin, chez un oncle. A chaque fin de soirée, je l'accompagne jusque chez lui, orientant systématiquement les conversations sur le sujet des *TJ* et bientôt d'autres que je maîtrise parfaitement pour convertir : la création contre l'évolution, les prophéties bibliques, etc. Il est sensible à la rhétorique. Dès lors, je multiplie les occasions de discussions que je rapporte dans *mon rapport d'activité* de *prédication* mensuel. Très vite, dans ma stratégie, nous trouvons un terrain de discussion : « la théorie de l'évolution ». Je m'arrange toujours pour amener la discussion sur ce thème, quelle que soit la personne que je cherche à convaincre, car je dispose d'un livre édité par la *Watchtower* qui traite de ce sujet : « *La vie comment est-elle apparue : évolution ou création ?* ». Et il est si bien fait qu'il convainc en très peu de temps toute personne non informée que la théorie de l'évolution ne tient pas en face de la création. Elle utilise des références soi-disant scientifiques qui impressionnent ceux qui ne connaissent rien ou presque à la question. Je découvrirai plus tard, au moment de ma sortie, que ce livre n'est qu'un tissu de mensonges. Pourtant il amène directement mon ami à l'étape suivante : une *étude biblique* à domicile, par mes soins, à l'aide du livre « *La connaissance qui mène à la vie éternelle* », lui aussi « made in » *Watchtower*. Chaque semaine, je passe de une à trois heures chez lui pour étudier les chapitres du livre. Il est conçu de façon à amener « *l'étudiant* » à se faire *baptiser* à la fin de l'étude. Petit à petit, comme prévu par la secte, je sens mon ami changer. Il commence à intégrer les idées du petit livre. Dans le même temps, sur mon *rapport d'activité*, j'ai la fierté de mentionner une *étude biblique* dirigée et je ne perds aucune occasion de le faire savoir à la *Salle du Royaume*.

Heureusement pour lui, ses études profanes exigent davantage d'investissement personnel. Il souhaite arrêter l'*étude biblique* jusqu'à ce qu'il ait à nouveau du temps à y consacrer. Nous avions, lui et moi, présenté le concours d'entrée d'une école qui forme à la réalisation de dessins animés. Il a été admis et pas moi. Je ne veux pas gâcher ses chances en lui imposant l'étude. Je comprend trop l'importance que cela a pour lui. Ce n'est que partie remise ! Mais lorsqu'il termine sa formation il ne souhaite pas la reprendre. Et de fait, cette année de cours, dans un domaine où il excelle, lui a donné confiance en lui. Il n'est plus ni faible ni malléable ; je n'insiste pas. Toutefois, ce que j'ai commencé à lui apprendre est toujours là et il craint déjà *Armageddon*. Il a gardé en mémoire les « preuves » que je lui ai fournis. L'épée de Damoclès qu'ont les *TJ* au-dessus de la tête, plane déjà au-dessus de la sienne.

Quelques mois après mon emménagement à Paris, mon frère Frédéric s'installe chez moi pour travailler dans la publicité et l'audiovisuel. Je sais que je devrai renoncer un peu à ma liberté, mais peu importe, je veux l'aider. Pour garder mon autonomie et le contrôle, je continue à payer seul le loyer. Il loge chez moi, mais il n'est pas chez lui. Dans les faits, je partage tout avec lui, y compris mes nouveaux amis avec lesquels il se lie très vite. Il n'a jamais adhéré vraiment au discours sectaire. Il s'y est plié parce que mes parents ne nous laissaient pas le choix. Libéré de ce joug, il ne m'accompagne que très rarement aux *réunions*, et ce malgré mes incitations. Mes demandes ne sont pas innocentes. Elles visent à faire cesser les commentaires insistants et répétés des membres de ma *congrégation* parisienne.
-*Comment vas ton frère ? Ça fait un moment que nous ne l'avons pas vu ? Il compte venir ? Il n'a pas besoin d'aide en ce moment ?*
Je lui trouve chaque fois des excuses. Je veux qu'il fasse les choses uniquement s'il en a envie. Et, à l'évidence, ce n'est pas le cas. Pour ma part, je suis de plus en plus impliqué dans ma *congrégation*. On me confie des tâches et je progresse dans la hiérarchie interne. Je suis vite chargé de l'accueil lors d'événements du groupe. Et je continue à *prêcher*. Avec la quantité d'interphones à Paris, le porte-à-porte n'est pas envisageable : on *prêche* dans la rue. Tous les samedis, tôt le matin, par tous les temps, je me poste près du marché, avec mon présentoir à roulettes garni de *publications* de la secte. Je déteste passer des heures à attendre, souriant, mes brochures à la main mais mes quotas mensuels ne vont pas se remplir tout seuls !

Un évènement tragique me confronte à la cruauté de l'interdiction de transfusion. Une petite fille de la *congrégation*, âgée de huit ans, tombe gravement malade. Le diagnostic est sans appel, elle souffre de leucémie. Et le traitement nécessite presque systématiquement le recours aux transfusions sanguines. Pour la première fois de ma vie, je suis directement confronté à la question du sang. Les parents, bien entendu, s'y opposent farouchement. L'enfant est donc traitée pendant un temps avec des méthodes dites alternatives mais son état se détériore et les parents campent sur leurs positions. Pour eux, la vie dans ce *monde* ne vaut rien, il est donc hors de question de la priver de la *vie éternelle* dans le *paradis* en violant les lois de *Jéhovah*. Aussi endoctriné qu'eux, je les soutiens dans leur décision, comme toute la *congrégation*. La fillette manque de plaquettes. Elle risque de mourir d'un saignement de nez. Dans l'inconscience collective, nous nous tenons à chaque *réunion* informés du taux de plaquettes de la petite. Dans les prières publiques prononcées lors des *réunions*, une demande est adressée à *Jéhovah* pour que son taux de plaquettes ne descende pas en dessous du seuil de transfusion fatidique. Les membres de la *congrégation* se relayent auprès de la famille, jamais laissée seule. Des messages de soutien arrivent tous les jours. Les mêmes, à chaque fois.

–Tenez bon. Priez Jéhovah. Nous prions aussi pour vous. Et si jamais le pire arrive, gardez courage et ne soyez pas peinés, vous la retrouverez bientôt dans le paradis promis.

Deux semaines plus tard, j'arrive à la *Salle du Royaume*. Des femmes pleurent. Au début de la séance, le *cantique* est chanté et juste avant de prononcer la prière, le conducteur de la *réunion* prend la parole.

–Nous avons le regret de vous apprendre le décès de la petite Léa. Elle a succombé à une hémorragie hier, en fin d'après-midi. Elle a été courageuse et a demandé aux médecins, tant qu'elle était consciente, qu'on ne lui fasse pas de transfusion sanguine. À n'en pas douter, Jéhovah se souviendra de sa fidélité et inscrira son nom dans le livre du souvenir pour la faire ressusciter dans le monde nouveau. Prions ensemble pour le soutien de sa famille !

Nicolas, 25 ans, rescapé des Témoins de Jéhovah

Une larme coule sur ma joue. Elle est morte au nom de *Jéhovah* ! Elle allait avoir neuf ans...
Bien que tragique, l'événement ne fait que renforcer nos convictions à tous et tombe vite dans l'oubli. Pour nous la vie suit son cours.

L'été arrive donc et avec lui le mariage de ma sœur cadette Magali. Elle a dix-neuf ans et va épouser un fils de *TJ*. Ni l'un ni l'autre ne sont encore *baptisés* et les *anciens* refusent de faire un discours à la *Salle du Royaume* si ce n'est pas fait. Impensable pour les familles ! Ils s'exécutent, en Juillet à Chartres, comme moi un an plus tôt. Ma plus jeune sœur, Sonia se fait *baptiser* en même temps qu'eux. Frédéric et moi faisons le déplacement juste le temps de la cérémonie. Cette excursion n'a pour moi rien d'agréable. Je suis obligé de croiser les membres de mon ancienne *congrégation* que je ne veux plus voir. Personne n'est dupe sur la sincérité de leur *baptême*, opportunément fixé juste avant leur union. Pour eux aussi, c'est un passeport pour la tranquillité, pas un choix.

CHAPITRE 15
Opération Nicolas

Une semaine après le mariage, c'est notre *Assemblée de District* parisienne qui commence au Parc des Expositions de Villepinte. Mon ami trentenaire me présente un *TJ* gay refoulé, lui aussi. C'est la première fois que j'en rencontre un. Il vit le même calvaire que moi. Peut-être a-t-il trouvé, lui, les clés pour vivre bien ? Je prends donc ses coordonnées, le lieu me semblant peu adéquat pour aborder le sujet. Malheureusement, je suis déçu quand je l'appelle car comme moi, il souffre en permanence ; incapable de concilier ses croyances avec ce qu'il est. Il connaît en plus de nombreux jeunes *TJ* qui vivent le même calvaire que nous, sans pouvoir en parler à quiconque. Je ne suis donc pas seul. Et en même temps que cette idée me rassure, elle m'effraie : il ne semble pas y avoir d'issue. D'autant que depuis quelque temps je suis de retour sur les chats gay, mon échappatoire virtuelle.

Comme par le passé, je recommence à faire des rencontres mais ces relations échouent. Les *anciens* de la *congrégation* de Lisieux m'avaient affirmé que le *baptême* m'insufflerait plus de force, mais rien ! Heureusement, le hasard, lui, fait parfois bien les choses. Je croise le chemin de Jérôme, un artiste, ancien des Beaux-Arts et de son ami Christophe, créatif comme lui. Ils sont gay et vivent en couple au grand jour depuis huit ans. Tout cela est donc possible et pour moi aussi peut être. Ils sont hospitaliers, généreux et leur bonheur commence à me gagner. Très vite, ils sentent un malaise chez moi, sans l'expliquer et sans le juger : ils sont comme ça. Mais bientôt je souffre trop et dois me confier.

Nicolas, 25 ans, rescapé des Témoins de Jéhovah

-Jérôme, il y a quelque chose que tu sais et que ma mère ignore. Et quelque chose qu'elle sait et que tu ignores !
-Qu'est-ce que c'est ?
-Je suis gay ça tu le sais... et je suis ... Témoin de Jéhovah, c'est ce qu'elle sait.
-Ah très bien. Et alors ?

Il fait semblant de ne pas réagir, mais à peine ais-je quitté leur appartement, qu'ils décident en fait de répondre à mon appel et de m'aider à me libérer de ma prison spirituelle. Ils cherchent des informations, des livres, et rapidement, grâce à celui de Charline Delporte, « *Témoins de Jéhovah, les victimes parlent* », ils trouvent les coordonnées de l'antenne de Lille de l'Association de Défense de la Famille et de l'Individu Victime de Secte (ADFI) où officie Charline Delporte, et l'appellent pour se faire conseiller. Ils sont accueillis par Madeleine (son prénom est changé). Cette ex-*TJ*, sur les injonctions des *anciens* de sa *congrégation*, avait mis son propre fils à la porte de chez elle.

-Ton fils ne veut pas être TJ. Il a 18 ans maintenant, tu n'en es plus légalement responsable, il peut se débrouiller seul. Tu as deux filles. Tu dois absolument les protéger contre l'influence mauvaise de leur frère. Il doit quitter ta maison.

Le pauvre garçon n'avait pas de travail, à peine une formation. Il dut survivre tant bien que mal après avoir été mis à la rue du jour au lendemain. Merci *Jéhovah* ! Elle réalisa plus tard à quelles aberrations le mouvement l'avait obligé et le quitta.
Lorsqu'à l'ADFI elle répond à Jérôme, j'ai alors presque le même âge que son fils et sans me connaître elle me prend en affection. Ce qu'elle n'a pas fait pour lui, elle veut le faire pour moi. Elle va aider mes amis à me sortir de l'enfer.
L' « Opération Nicolas » commence !

L'entreprise de déconstruction pierre par pierre de mon embrigadement sectaire débute. Pour que l'opération soit un succès, je ne dois me rendre compte de rien ; sinon je me fermerai comme je l'ai si souvent fait. Les réponses doivent venir de moi. Mes amis décident donc d'attaquer sur tous les fronts mais en souterrain car j'ai tous les réflexes d'autodéfense idéologique du *TJ*. Je ne cesse de m'exprimer en disant « on » ou « nous ». Ils s'efforcent alors, sur les conseils de l'ADFI, de me faire prendre conscience de mon MOI et de me faire parler à la première personne. C'est la première étape. Un soir, ils me cueillent avec une drôle de question.

-Est-ce que tu es heureux chez les TJ ?
-Oui, nous sommes heureux.
-Non, on ne veut pas savoir si VOUS êtes heureux, mais si TOI, TU es heureux !
-...

Je ne suis pas heureux, évidemment. Je suis même profondément triste au quotidien. Toujours suicidaire. Il ne s'agit pas de savoir si je suis dans une secte ou si mes croyances sont légitimes. À ces questions-là, mes réponses apprises par cœur sont imparables. Là non, on parle de la chose la plus simple et la plus essentielle qui soit : mon bonheur à moi, ma vie. Et ils continuent.

-Est-ce la vocation d'une dite spiritualité de rendre ses adeptes malheureux, de les accuser, de les juger, de les culpabiliser ?
-... évidemment non...

Cette première brèche commence à fissurer le mur idéologique que la secte a monté devant mes yeux depuis ma naissance. C'est un point clé de mon processus de sortie et mes amis s'investissent à fond. Ils passent des heures à étudier les textes de la secte et son langage. Ils s'arrangent pour me faire rater les *réunions* et remplissent mon agenda d'activités : invitations au théâtre, séances de cinéma, expositions, vernissages, dîners, sport... L'essentiel est de me fournir une alternative aux *réunions*. Mon frère constate ma métamorphose et s'en inquiète. Ses projets professionnels, de plus en plus tournés vers le monde de la télévision, et sa vie ne sont pas vraiment compatibles avec l'idéologie sectaire. Tant que j'étais un bon petit *Témoin*, j'étais son parfait alibi pour une vie tranquille et voilà que je ne remplie plus ce rôle. J'ai donc droit quotidiennement à ses remontrances et incitations à la prudence. Son homophobie, conditionnée par la secte, grandit et son inquiétude aussi : je ne suis plus le frère qu'il aimait avoir. Je me réfugie chez mes amis, n'ayant plus de plaisir à être chez moi. J'appréhende même de rentrer. Pendant ce temps-là, Jérôme, Christophe et leurs amis défont un à un les liens qui m'entravent.

Le 18 février, c'est mon anniversaire et je ne le leur dis pas. Quand ils m'interrogent sur la date précise, je réponds qu'elle est passée et que ce n'est pas important. Mais ils ne l'entendent pas ainsi.

-Pourquoi tu n'as rien dit ? On voulait te le fêter nous. Tu te rends compte du mal que tu fais aux autres avec tes croyances ?
-...

Nouveau choc : mes croyances peuvent blesser mes proches ! Je ne pouvais même pas le concevoir. C'est moi qui dois être la victime du système et *du monde méchant* ; je ne peux pas moi faire de victimes, c'est un contresens inacceptable. Encore une fissure.

L'Opération Nicolas se poursuit avec un objectif précis : m'éviter d'assister au *Mémorial*, la célébration annuelle la plus importante pour la secte. S'ils y parviennent, ce sera une brèche de plus. Une étape clé. Jérôme m'invite à dessein à l'accompagner dans sa famille en Suisse, à la date de la célébration. Il a déjà acheté les billets de train, je ne peux donc pas refuser. Ils ont tout de même une frayeur quand la semaine précédant notre départ, je retourne à une *réunion* de la *congrégation*, rongé par le remord. On m'y confie des tâches à accomplir le jour du *Mémorial*. Je joue le jeu sachant pertinemment que je n'y serai pas. Je commence à quitter la secte, mon frère le sent et se fait pressant :

-Tu as pris tes dispositions pour assister au Mémorial en Suisse ?
-Non. Je n'irai pas !

J'aurais mieux fait de lui mentir. Il parle de mon voyage aux parents qui m'appellent, à leur tour, pour connaître mes intentions.

-Tu ne vas pas rater le Mémorial n'est-ce pas ?
-Non Papa... je me suis organisé là-bas.

Opération Nicolas

Je les trompe, n'ayant pas envie de gâcher mon séjour. Jusqu'au départ, Jérôme, Christophe et l'équipe de Lille craignent que je cède à la pression de la secte. La veille du voyage je passe la nuit chez eux. On ne va pas risquer un désistement à la dernière minute. Je vomis toute la nuit. J'ai de la fièvre. Mais je prends le train pour la Suisse. Le voyage fournit l'occasion de discuter longuement et en profondeur sur mes certitudes. À l'issue de quatre heures de conversation, je conclue à l'évidence : j'appartiens à une secte. Jamais Jérôme ne parle des *TJ*. Il nomme d'autres mouvements que je considère comme sectaires et dangereux. Je me rends compte que toutes les anomalies que j'identifie dans ces mouvements se retrouvent chez les *TJ*. Jérôme n'a plus besoin de me faire identifier les mécanismes du groupe ; je le fais moi-même. Le voile tombe. Je vois toutes mes années chez les *TJ* sous un jour nouveau et très sombre. Tout est d'une logique monstrueuse qui me donne le vertige. La prise de conscience de la réalité est violente. Je suis pris de nausées et de migraines. Ma conception de la vie et de l'avenir s'écroule d'un coup. Il n'y aura pas de *vie éternelle* ni de *paradis* ni d'*Armageddon*. Il n'y a pas de *Jéhovah* omniscient. Il n'y a pas UNE *Vérité*. Les *TJ* ne sont pas le peuple de Dieu, mais une secte.

Je pense à ma famille. Je veux leur dire mais Jérôme calme mes ardeurs. Il me sait encore fragile et il suffirait d'un rien… Loin de Paris, de mon frère, de la *congrégation*, de mes parents, enfin je respire un peu, au milieu des montagnes suisses. Jérôme remet en question mes pires interdits en m'emmenant écouter un concert d'orgue à la Cathédrale de Lausanne. Le soir du *Mémorial* ! Sacrilège ! J'en oublie le *Mémorial*. Mais lui se rappelle à moi. Mon frère me téléphone et met la pression.

–Papa n'arrête pas de m'appeler, il veut savoir si tu as bien pris tes dispositions pour aller au Mémorial.
–Non je n'irais pas.
–Tu te rends compte de ce que tu fais ? Tu te rends compte de ce que les parents vont dire ? Du mal que tu vas leur faire ?
–… (je suis livide… Jérôme me prend le téléphone des mains)
–Tu as conscience de la pression que tu es en train de mettre sur Nicolas, de l'état dans lequel tu le mets ?
–…

Nicolas, 25 ans, rescapé des Témoins de Jéhovah

Mon frère raccroche. Il sait qu'il n'aura aucune emprise sur Jérôme. Quelques minutes plus tard, c'est mon père qui m'appelle. Je décide de ne plus répondre, épuisé par ces épreuves. Ce que je vis à petite échelle se reproduira avec encore plus de force quand je rejoindrai mon frère à Paris. Jérôme aussi le sait et, avec Christophe, ils m'en protègent au maximum en me préparant en amont à toutes ces épreuves. Et en effet mon retour est un calvaire de harcèlement et de culpabilisation. Mon frère et mes parents se relaient pour me condamner.

-Comment as-tu pu rater le Mémorial ?

Une fois la foudre passée, je peux reprendre ma réflexion sur les *TJ*. Je commence mon enquête. Pour commencer, je cherche sur Internet des informations et je consulte, un à un, tous les sites listés. Je tombe de très haut. Je comprends enfin pourquoi la secte interdit à ses membres de considérer des sources extérieures et les dissuade d'utiliser internet. C'est une mine d'informations. J'en apprends plus sur le mouvement en un mois qu'en vingt-deux années passées en son sein. Les documents s'amoncellent. Mensonges dogmatiques, citations détournées et hors contexte, fausses preuves, anciens écrits retirés de la circulation, fin du *monde* maintes fois annoncée, luttes de pouvoir, écrits cachés, jugements à huis clos, lettres confidentielles, témoignages de victimes, actes pédophiles non dénoncés, *exclusions* pour divergence d'opinion, procès, scandales, trafics, malversations, pots-de-vin, la liste semble infinie. Je totalise plus de trois mille pages de documentation sur cette micro société comptant près de six millions de sujets dans le monde et agissant sous couvert de théocratie. Six millions moins un : moi !

Je suis atterré par l'aveuglement dont j'ai fait preuve. Je découvre l'ampleur de mon endoctrinement. Toutes les fausses notes que je ne m'expliquais pas, quand je faisais partie du mouvement, m'apparaissent maintenant avec une monstrueuse cohérence. Mes recherches m'amènent à une seule conclusion : Les *TJ* ne sont pas *la Vérité*. Cette *organisation* est une secte, dans tous les sens du terme. Elle s'enrichit purement et simplement grâce aux dons de ses adeptes et sympathisants qu'elle conditionne et maintient dans l'assujettissement et l'ignorance de la réalité. Elle traîne dans son sillage des victimes, tant dans la secte qu'à l'extérieur. Je découvre, jour après jour, des dossiers sulfureux. Vomissements et fièvres me terrassent pendant des semaines. Vingt-deux ans de ma vie qui s'écroulent d'un coup. Une vie entière ! Tous mes repères disparaissent et toutes mes perspectives se transforment radicalement en l'espace de trois mois. Une telle déconstruction, aussi rapide, ne se fait pas sans heurts. Heureusement, Jérôme et Christophe me soutiennent et me poussent à chercher toujours d'avantage.

Lorsque je trouve une analyse de texte du livre « *La vie comment est-elle apparue : Évolution ou Création ?* » prouvant la manipulation de citations que la secte a pratiqué pour servir son discours, j'appelle immédiatement l'ami que j'avais commencé à convertir grâce à ce livre. Je lui demande d'oublier tous les enseignements des *TJ* que je lui ai donné car tout est faux. Je suis horrifié. J'ai failli livrer l'un de mes meilleurs amis aux griffes d'une secte. Si je n'avais pas découvert l'envers du décor, j'aurais sans doute réussi, à terme, à le convertir. J'étais une machine à fabriquer des adeptes et heureux de l'être ! Comment garder tout ça pour moi ? Je partage mes découvertes avec Jérôme, ignorant qu'il les connaît déjà toutes : il sait que je dois trouver par moi-même. Je veux sortir ma famille de là, à tout prix ! Les avertir au moins. Je commence avec mon frère mais il ne veut pas même regarder les documents que je souhaite lui faire lire. Il a beau ne pas avoir été vraiment convaincu par les dogmes que la secte a essayé de lui inculquer, il est conditionné. Et le mécanisme de rejet immédiat et de blocage que je manifestais lorsque l'on critiquait la secte, il le manifeste à son tour. Il contre-attaque.

-Tu fais des recherches à charge, uniquement pour justifier ta sexualité que la secte réprouve.

Jugement réducteur. Il refuse d'ouvrir les yeux. Cela signifierait tout remettre en question. Je sais pertinemment combien c'est douloureux et humiliant sur le moment. D'autre part, il sait, comme moi, quel régime il subira : il sera abandonné comme je vais l'être bientôt. Je laisse tout de même les quatre classeurs remplis de documents à sa disposition pendant mon absence au risque qu'il les jette. A l'abri des regards, il sera peut-être tenté d'y jeter un cou d'œil. Je l'espère. Je regarde bien dans quelle position je laisse les documents en partant. À mon retour, ils sont exactement à la même place. Il ne sait pas à quel point j'ai besoin de son soutien à ce moment. A quel point j'aimerais qu'on fasse ce chemin de sortie ensemble. Mais je vais devoir assumer cela tout seul. Heureusement, Jérôme et Christophe ne me lâchent pas d'une semelle car la situation est de plus en plus déchirante.

J'en parle ensuite à mon père, par téléphone. Je lui cite des points précis, totalement aberrants et mensongers, dans la rhétorique de la secte.
-Parce que tu crois qu'on n'a pas cherché ? Tu crois vraiment qu'on se serait trompé pendant toutes ces années sans vérifier quoi que ce soit ?
La secte persuade ses adeptes que vouloir vérifier, c'est douter, et douter c'est être faible spirituellement. Cela fait trente ans qu'il consacre temps, argent et énergie à la secte. Il y a emmené ses enfants. Il a converti des gens. Il a renoncé à ses rêves et ses envies pour la secte. Il a tant donné ! A ce stade d'investissement personnel, le point de non retour est souvent franchi.

Avec ma mère aussi j'ai un long et difficile échange téléphonique sur mes recherches. Une semaine plus tard, je reçois une lettre fleuve de six pages recto/verso en réponse aux éléments que je lui ai présentés par téléphone. C'est bien son écriture mais j'ai l'impression de lire une *Tour de garde*. C'est la secte qui me répond par la main de ma mère.

« *Mon cher Nicolas, que de souffrance et de douleur tu m'occasionnes en ce moment ! Je pense à toi constamment, de la minute où je me réveille à celle où je m'endors, avec angoisse et chagrin. Je me sens comme une mère dont le fils serait en train de mourir, convaincu par des charlatans d'absorber jour après jour du poison, parce qu'ils l'auraient persuadé qu'ils veulent son bien alors qu'ils veulent sa mort* [...] »

Elle dénigre ma démarche. Elle fait des amalgames, des raccourcis ou des mélanges dans les discours que je lui avais tenus. Elle s'est plongée dans la littérature de la secte pour se rassurer, sans se donner la peine de vérifier. Elle ne parle que de la forme et non du fond ou bien nie les accusations simplement pour motif d'improbabilité à ses yeux, sans plus étayer son propos. Comme mon frère, elle préfère attaquer mes motivations et mes sources plutôt que d'envisager un questionnement.

−Tu manques d'objectivité simplement pour légitimer des comportements mauvais que tu souhaites adopter et qui sont contraires à notre « religion » ! Si tu veux des réponses à tes questions, contacte le Béthel, mais ne le fais pas dans un esprit de polémique, sinon ils ne te répondront évidemment pas. Et ce serait normal.

L'argument classique. Mes parents sont profondément convaincus que je m'écarte du seul mode de vie bénéfique en ce monde et sont persuadés que je me destine, dès lors, à une mort inéluctable. Ils font tout cela par amour. Je leur envoie une lettre dans laquelle je les rassure, les remerciant de l'intérêt qu'ils me portent. Le positivisme est efficace. Je montre que je n'ai pas subi la culpabilisation ni été réceptif à la tentative de ré-endoctrinement de ma mère. Le harcèlement fait place à l'abandon.

En revanche, tous ceux qui sont au courant de certains de ces dossiers, des *anciens* pour la majorité bien évidemment, ne les nient jamais. Ils donnent seulement des excuses à *l'organisation*. Je reçois d'ailleurs deux semaines plus tard un coup de téléphone d'un *ancien*, le père de mon ami trentenaire. Par chance, je suis chez Jérôme et ensemble nous gérons cette énième entreprise de harcèlement opérée sur un adepte sortant.

−Allô, Nicolas, je t'appelle parce qu'on m'a dit que tu n'allais pas très bien en ce moment.
−Mais non, au contraire je vais très bien.
−… ah oui, mais je veux parler de ta santé spirituelle…
−Mais elle va très bien… qu'est-ce qui te fait croire quelle va mal.
−… je.. on m'a dit que tu te poses beaucoup de questions sur la Vérité, que tu t'intéresses à des livres écrits par d'anciens dirigeants de la Société.
−J'imagine que c'est ton fils qui t'en a parlé..
−… hein ? non …
−Peu importe. Oui je m'y intéresse. C'est très instructif.

Nicolas, 25 ans, rescapé des Témoins de Jéhovah

-Tu sais ça n'est pas très bon de s'intéresser à ce genre de lectures...
-Ah non ? Les as-tu lu ?
-... non... mais j'ai lu le livre de l'actuel dirigeant de la Société, et c'est très constructif, très beau.
-Mais enfin, il me semble qu'on m'a appris chez les TJ qu'il ne fallait pas juger sans connaître... et tu critiques ces livres sans les avoir lu. Ça n'est pas très honnête.
-Oui.. enfin .. bon.. je venais te proposer de te faire l'étude pour te raffermir spirituellement.
-Je te remercie mais je vais bien. Bonne soirée. Au revoir.

Ce sera mon dernier contact avec cet homme.

CHAPITRE 16
Pars sans faire de bruit !

Au cours de mes recherches sur Internet, je découvre le site d'un *TJ* gay mais abstinent. Il donne de l'homosexualité une vision alternative à celle des *TJ*, mais sur la base des mêmes *versets bibliques*. Ce site me déculpabilise complètement, à l'inverse de la *Watchtower*, car je crois alors toujours aux textes bibliques. Fort de cette explication biblique sur un thème qui m'obsède depuis toujours, je décide de montrer le fruit de mes recherches à un *ancien* de ma *congrégation* avec lequel je m'entendais bien. Je lui communique l'adresse du site en question pour qu'il puisse préparer notre entretien et lui propose sciemment un rendez-vous dans un café. Après avoir accepté, l'*ancien*, se rétracte une heure avant notre rencontre et me prie de le retrouver à la *Salle du Royaume*. Nous savions tous deux qu'il ne serait pas en position de force dans un lieu public ! Il ne s'agit ni d'une visite pastorale ni d'un jugement ni d'un redressement ni d'une séance de conseil théocratique. Alors, je choisis d'y aller en jeans, T-shirt et baskets. Il est très surpris de me voir arriver dans cette tenue et non en costume/cravate, comme il convient de se présenter à la *Salle du Royaume*. Il tient à prononcer une prière. Le ton est donné mais je suis prêt pour la joute.

-Bon je n'ai pas regardé le site. J'ai juste lu la première page. Mais il ne me semblait pas très bon.
-Comment peux-tu le savoir sans l'avoir lu ? Tiens je t'en ai apporté une version imprimée, que tu saches de quoi on parle. (j'avais prévu le coup)
-Euh oui merci... (il écarte le dossier de la main) *Donc de quoi veux-tu me parler ?*

Nicolas, 25 ans, rescapé des Témoins de Jéhovah

—... évidemment si tu n'as pas lu le site... et bien voilà, je suis gay. Je ne vis pas ma sexualité, mais les sentiments sont là et c'est de plus en plus difficile à vivre mes croyances avec ce que je suis.
—Il n'est pas question de sentiments...
—Au contraire, être gay, ce n'est pas seulement coucher avec des garçons, c'est surtout les aimer.
—Tu as développé des tendances...
—Non il ne s'agit pas de tendances développées. J'ai toujours été comme ça. Mes premiers souvenirs d'émotion gay je les avait à 8 ans. Dans une famille TJ, expliques moi comment on peut développer une tendance, ça n'est pas possible.
—Mais ça se gère. Ton cas n'a rien d'original. D'autres jeunes, hétéros eux, connaissent la solitude parce qu'ils ne trouvent pas de conjoint ou choisissent le célibat.
—Mais ça n'a aucun rapport ! Pour moi ce n'est ni par choix ou par défaut mais parce qu'on m'interdit d'aimer. Ni les occasions, ni l'envies ne me manquent. Je suis juste condamné d'emblée pour ce que je suis.
—Alors c'est une épine dans la chair que Dieu te laisse pour éprouver ta fidélité, comme pour l'apôtre Paul. Tu es même digne de louanges puisque tu souffres pour Jéhovah. On va lire quelques versets encourageant ensemble.
—Je les connais par cœur ces versets. En revanche je trouve les explications de textes bibliques de ce site intéressantes. Elles sont différentes des TJ mais tout aussi logiques.
—(accusateur) Fais attention ! Tu es en train de tomber dans l'apostasie !
—(calme et ferme) Tu ne devrais pas manier ce genre de menace avec autant de légèreté. L'apostasie, dans la Bible, ne concerne que des chrétiens niant la résurrection de Jésus. De plus, pour les Témoins de Jéhovah, n'est apostat que celui qui répand ses opinions négatives auprès des autres adeptes. Or, je n'ai parlé de ces découvertes à aucun autre Témoin hormis toi, un ancien. Je te sommes donc de retirer ton accusation.
—(il pâlit) Je .. euh ... pardon... oui .. excuses-moi. Bon je vais devoir y aller. J'ai encore un rendez-vous. En tout cas sois assuré de tout mon soutien et ma discrétion. Bonne journée.

Il m'enverra, un mois plus tard, un article récent de la secte sur l'homosexualité chez les jeunes. Ce sera notre dernier contact. Il me considère maintenant comme un *refroidi*.

Pars sans faire de bruit !

Quelques temps plus tard, en juin 2004, je revois par hasard le jeune *TJ* gay que j'avais connu un an plus tôt lors d'une *assemblée*. Nous prenons un verre et discutons un peu de notre parcours depuis notre dernière entrevue. De son côté, la situation n'a pas évolué. Il s'immerge totalement dans son travail pour étouffer ses sentiments. J'ai mal de le voir si affecté et détruit. Il a renoncé à pouvoir aimer et être aimé ! Pourtant il n'est plus très actif en tant que *TJ*. Il faut dire qu'il a été plus que désabusé. Il a tout essayé pour vaincre son homosexualité ; car on lui avait assuré, dans la secte, que c'était possible. Il s'est fait *baptiser*, est devenu *pionnier* et *assistant ministériel*. La protection et l'aide promises ne vinrent jamais. La détresse demeurait. Alors, on lui a servi d'autres textes bien pratiques dans les cas où aucune solution ne fait office de miracle divin. Le fameux passage de « *l'épine dans la chair* » de Paul. L'homosexualité était donc l'épreuve que Dieu lui laissait. Et pour ce garçon c'est l'argument de trop. Il abandonne progressivement ses responsabilités. Il cesse de *prêcher*. Il n'assiste presque plus aux *réunions*. Il devient ce que les *TJ* appellent un *refroidi*. Mais cela ne règle rien. Embrigadé et formaté comme il l'est, même *refroidi*, ses peurs sont omniprésentes. La peur que l'enseignement des *TJ* ne soit peut être pas faux. La peur de perdre famille et amis s'il se trouve *exclu* ou *démissionne* pour assumer sa sexualité. La peur du jugement, qu'il soit humain ou soi-disant divin. La peur, encore la peur, toujours la peur ; l'outil principal utilisé par la secte pour avilir l'individu et briser sa conscience, briser sa personnalité, briser son bonheur. Le briser tout simplement...

Mon chemin de déconstruction de ces derniers mois m'a permis de m'affranchir de cette peur. Et voir des proches dans cet état me fait mal. Je commence alors à lui dire un certain nombre de choses que j'ai découvertes. Mais je ne peux aller bien loin. Paniqué par tout ce que je lui révèle, il m'interrompt.

-Il est probable que ce dont tu m'as parlé soit vrai. Mais à quoi ça te sert de remuer tout ça ? Tu as passé de bons moments chez les Témoins ! Tu y as des amis, de la famille, de bons souvenirs ! Par respect pour tout ça, pars sans faire de bruit !
-... mais justement c'est au nom de tout ça que je veux les en sortir. Je ne peux pas laisser les gens que j'aime dans cette secte dangereuse. ! Et si je peux agir pour l'éviter à d'autres je dois le faire ! J'ai les

preuves des mensonges de cette secte et précisément, par amour pour ma famille et mes amis qui y sont encore, je dois parler. Je pensais que tu étais le mieux placé pour comprendre mes recherches et t'y intéresser.
-Je te le répète. Ne fais pas de vague. Pars sans faire de bruit !

Je suis déçu. Mais il a peur. Il a peur que les dogmes de la secte soient vrais et que d'aimer un garçon lui vaille la mortelle malédiction divine. Il a peur de perdre ses amis et sa famille. Plus inacceptable encore pour lui, il a peur de devoir admettre qu'il a, en réalité, consacré la majeure partie de sa vie à une secte. Cette politique de l'autruche et de la dissimulation est courante et mène à de telles dérives. Mais ce silence cautionne d'autres situations graves, telles le silence imposé aux enfants abusés ou violentés dans la secte. Je pensais que je n'aurais plus jamais de ses nouvelles étant à ses yeux déjà un *apostat* ! Je le reverrais trois ans plus tard par hasard. Il me dira avoir quitté la secte 3 mois après m'avoir laissé ce jour là. Un de sauvé !

Une semaine après cet épisode je dois aller à l'ADFI de Lille. C'est une étape clé et la dernière vraiment essentielle dans la mécanique de sortie mise en œuvre par Jérôme, Christophe et les membres de l'association. Ma venue marquera une séparation définitive d'avec la secte. Jusqu'au moment du départ, ils craignent tous encore que je ne me rétracte. Je vais rencontrer Charline Delporte, le Diable en personne pour les *TJ* tant elle, et ceux qui l'entourent, sont déterminés dans leurs actions. Je suis salué par tout le monde. Je rencontre enfin Madeleine, puis Charline.

-Voilà donc le fameux garçon de l'opération Nicolas !

Je ne me savais pas si connu et attendu. Nous pénétrons dans les locaux de l'ADFI. D'autres ex-adeptes de la secte sont là. Je rencontre pour la première fois des *exclus* et des *sortants*. Et surtout, je prends de plein fouet le choc des témoignages de certaines victimes violées, maltraitées, dépossédées de leurs propres enfants,... Toutes les histoires sont traumatisantes. Je prends la réalité en pleine face. Mon tour arrive, je me présente et raconte mon enfance et les conditions de ma sortie. Puis c'est celui de Jérôme et Christophe. Tenu jusqu'alors dans l'ignorance de l'action me concernant pour me protéger et me permettre de réaliser seul mon chemin vers l'indépendance, j'apprends l'existence de « l'Opération Nicolas » et ses détails, en même temps que les autres assistants. Je suis ému aux larmes en découvrant l'ampleur et le désintéressement de leur investissement pour m'aider. Si je cherchais une définition de l'amitié, je l'ai maintenant sous les yeux et je l'ai trouvé ailleurs que dans la secte ; dans le monde, le vrai cette fois-ci…

Par un heureux hasard, ce jour-là, à cette *réunion* d'entraide, est présent un membre du gouvernement chargé par un ministère d'enquêter sur la problématique sectaire et particulièrement sur les atteintes aux enfants. Il a besoin de témoignages écrits et nous le fait savoir. Bien que difficile, je me prête à l'exercice. Mais au fur et à mesure de l'écriture les souvenirs resurgissent, se complètent et, bien vite, mon témoignage qui devait faire douze pages en compte quarante. Je remets le fruit de mon travail un mois plus tard au représentant du ministère. Mais je continue d'écrire, je sens le besoin de coucher mon histoire sur le papier. J'y suis aussi encouragé par Jérôme et Christophe. J'entame la déconstruction de fond de mon embrigadement sectaire par l'écriture. J'atteins bientôt les cent pages et les souvenirs continuent d'affluer. C'est tout le système de formatage des enfants *TJ* que je mets à jour, que j'analyse, que je décortique. Chaque élément, écrit noir sur blanc est un poids dont je me libère, un maillon de la chaîne qui saute. Je suis maintenant définitivement fixé sur les tromperies, la manipulation du système et l'aveuglement conditionné de tous les adeptes. J'ai terminé de lire mes trois mille pages de documentations glanées un peu partout et je connais les scandales, les mensonges dogmatiques et les procédés de manipulation par cœur. Le processus de déconstruction touche à sa fin. Je suis libéré de l'emprise sectaire.

Le fait de n'être plus *TJ* change beaucoup de choses dans mon quotidien. Fini les prières perpétuelles, même s'il me reste encore parfois le réflexe d'attendre avant de commencer à manger. Fini les *réunions*, la *prédication*, le prosélytisme, les lectures imposées, la peur d'*Armageddon* et du regard de *Jéhovah*, la crainte de Satan et de ses démons, la diabolisation du monde entier. Je suis enfin libre de m'investir dans des activités qui me sont chères : l'art, la culture, la littérature, les rencontres et la découverte d'un tas de petits bonheurs qui m'étaient jusqu'alors interdits. Je prends un plaisir incroyable à redécouvrir le monde. C'est une nouvelle vie. Je profite enfin de mon enfance qui m'a été volée. Je peux faire ce que je veux de ma vie. Je peux penser ce que je veux. Je suis moi pour la toute première fois.

Bien des réflexes sont encore ancrés en moi, et j'ignore combien de temps je mettrais à m'en défaire totalement. La programmation sectaire agit encore. Si un accident ou une opération survenaient je n'accepterais pas sans hésitation une transfusion de sang. Je dois même me faire violence pour écrire une lettre dans laquelle j'affirme ma volonté de bénéficier de transfusion sanguine en cas d'hospitalisation et ce, même si famille ou proches s'y opposent. Le dégoût, la répugnance pour le sang sont encore là. Je n'arrive pas à manger de boudin noir ; l'idée même qu'il contient du sang m'écœure. Il m'en faudra du temps pour me défaire toutes ces censures imprimées!

Mon frère habite toujours chez moi et ma nouvelle vie lui pose problème. Je ne suis plus *TJ* et j'assume d'être gay. C'est trop pour lui en même temps. Des disputes éclatent de plus en plus fréquemment. J'ai droit à des insultes homophobes calquées sur les propos de la secte. Je ne supporte plus ce climat. Si ma vie lui pose un problème, je ne le retiens pas, il peut partir. Je ne l'ai pas accueilli pour subir ça. L'argument fait masse et il se calme. Il ne peut se résoudre à renoncer à la liberté de la vie parisienne en repartant vivre chez les parents en Normandie où chaque retour est toujours lourd d'interdits et de demandes de permissions pour tout. D'autant que les parents ignorent tout de ma situation. Ils se doutent que je ne suis plus vraiment attaché à la secte, mais ne savent rien sur ma vie privée.

À l'occasion d'un week-end prévu au parc Astérix, je revois ma sœur Magali et son mari. Ils ont bien changé depuis leur mariage! Adolescente, ma sœur était pétillante, pleine de vie, coquette, féminine et un peu rebelle vis-à-vis de la secte. Depuis qu'elle s'est faite *baptiser* et s'est mariée, elle est devenue terne ; elle a perdu sa personnalité. Elle ne prend plus soin d'elle, elle ne rit plus comme auparavant. Elle fronce les sourcils dès qu'un gros mot est prononcé. Elle juge tout.

Pars sans faire de bruit !

Elle ressemble de plus en plus à maman. Un nouveau petit prototype de femme *TJ*.

Lorsque mon grand père paternel décède, je repars pour la Basse Normandie. Pour la première fois depuis ma sortie de la secte ! Ça fait déjà 1 ans. J'appréhende un peu ce retour. Mon père est très affecté par la mort de son père. Tout de suite après l'enterrement, il m'interroge d'un ton direct.

–Tu en es où avec la Vérité ?
–La Vérité ? ... Eh bien je ne crois plus au dogme des Témoins de Jéhovah.
–Mais tu crois toujours en la Bible, en Jésus, tout ça.. ?
–Non, je ne crois plus au christianisme. J'ai une spiritualité mais je la garde pour moi. C'est ce qu'il y a de mieux pour moi. Depuis que je ne suis plus TJ, je ne suis plus ni déprimé ni suicidaire.
–Tous les TJ ne sont pas déprimés et suicidaires. Ces états d'âme te sont personnels.
–Tu sais bien que c'est faux. Maman n'est pas la seule femme dépressive dans la congrégation.
–Ne parle pas de ça. Tu ne sais rien de la situation de maman.
–Tu ignores ce dont elle m'a parlé.
–... bon... peu importe. L'essentiel est que tu sois heureux. Chacun assume ses choix ! Tu mènes la vie que tu veux. Nous sommes TJ et nous comptons le rester. Chacun assume ses choix !

Je crois alors qu'il accepte bien la situation. Certes, ni lui ni ma mère ne savent que je suis gay, mais chaque chose en son temps. La première pilule semblant passée, je vais attendre un peu pour la seconde. De retour à Paris, leurs appels téléphoniques se font rares, prémices de la rupture. Voilà ce que signifiait, en réalité, son « *Chacun assume ses choix* ». Il ne l'avait pas répété deux fois par hasard.

Nicolas, 25 ans, rescapé des Témoins de Jéhovah

CHAPITRE 17
Au revoir Mamie

La fin de l'année 2004 approche et quelle année ! Je m'apprête à fêter mon premier Noël et mon premier Jour de l'An avec Jérôme, Christophe et quelques amis proches, ma famille d'accueil, ma famille de cœur. Je suis comme un enfant. Je décore mon premier sapin. J'ai vingt-deux ans. Pour tout le monde c'est une banalité, pour moi c'est un événement unique. C'est mon premier Noël et je compte bien le fêter comme il se doit. Jérôme a tenu à préparer un vrai repas de Noël traditionnel pour moi. Table décorée, dinde de Noël, bûche, huîtres, champagne et même... des boudins noirs. Tous autour de la table savent ce que cela signifie. Cette dégustation est bel et bien la preuve qu'une page de ma vie se tourne.

Deux jours après Noël, je rencontre un jeune Américain en vacances à Paris. Libéré du carcan sectaire je m'autorise, pour la première fois, le sentiment amoureux. Après trois semaines d'idylle, il repart pour les États-Unis. Je dois l'y rejoindre deux mois plus tard. Tous les bonheurs s'enchaînent avec une facilité déconcertante. Mon anniversaire approche. Le 18 février 2005, j'ai vingt-trois ans. Mais, sur le gâteau il n'y a qu'une bougie ô combien symbolique. Je commence à compter mes années à partir d'aujourd'hui. J'ai invité mes amis les plus chers, ceux qui m'ont accompagné et soutenu dans ma sortie de la secte. Mon frère, lui, s'interdit d'y participer, c'est un anniversaire, il préfère passer la nuit chez un ami *TJ*. Malgré nos différends et nos heurts, je l'aime toujours et il me manque beaucoup ce soir là. Mes amis comblent un peu le vide qu'il laisse... Une semaine après, je prends l'avion pour la première fois pour rejoindre le garçon que j'aime de l'autre côté du globe. Tout est facile. Tout me sourit. De retour à Paris, j'emménage dans mon nouveau studio, au centre de Paris. Je reçois mes premières commandes d'illustrateur. Je vis un rêve éveillé. La vraie vie a définitivement un goût délicieux.

Dans le même temps, je continue à avoir des contacts avec l'ADFI de Lille. J'en ai également avec le représentant ministériel auquel j'avais remis mon premier témoignage. Il me téléphone souvent pour avoir des informations complémentaires. Il me dit être impressionné par mon analyse du fonctionnement de la secte, de la vie des enfants et de la somme d'informations que je fais remonter. L'idée germe de diffuser mon témoignage pour informer l'opinion publique sur le danger que représente les dérives sectaires par l'exemple de ce que subissent les enfants *TJ*.

Les rares échanges que j'ai avec mes parents ne vont plus durer très longtemps. En mai 2005, je croise à Paris ma plus jeune sœur, Sonia, qui s'apprête à passer des vacances chez nos amis lorrains, ceux qui m'avaient remis « dans le droit chemin » ! Je l'accompagne d'une gare à l'autre. Nous discutons de tout et de rien. Puis le sujet viens sur moi.

-J'ai entendu ta conversation avec Papa, à l'enterrement de pépère. Tu n'es plus TJ alors ?
-Non. Effectivement. J'ai amassé de nombreuses preuves du fait que les TJ sont une secte.
- ...et pour ta vie personnelle, tu penses en parler quand aux parents ?
- Tu veux parler du fait que je suis gay ? Bien sûr, j'ai l'intention d'en parler aux parents mais quand je déciderais que ce sera le bon moment. Je compte sur toi pour respecter ma volonté et rester discrète.

Le mois suivant, je rends visite à mon frère qui me demande si les parents m'ont appelé.

-Pourquoi l'auraient-ils fait ?
-Ils sont au courant ! (à son regard, je sais de quoi il parle)
-Par qui ?

Au revoir Mamie

-Les filles leurs ont dit. La dernière fois j'ai appelé à la maison, c'est Sonia qui a répondu. Elle m'a dit : « Pas la peine de demander à maman si elle va bien. Elle sait pour Nicolas. »
-Et tu es sûr que ce sont elles qui leur ont dit ?
-La dernière fois que je suis allé en Normandie, elles se montaient la tête en disant qu'on ne pouvait pas laisser les parents ignorer un truc pareil.
-Et papa...
-Je l'ai eu au téléphone. Il m'a dit... qu'il trouve ça écœurant !
-...

J'écœure mes parents. La gifle est violente. Mes sœurs m'ont volé mon coming-out. C'était tellement important pour moi de le faire moi-même pour assumer ma nouvelle vie et ne pas blesser mes parents. J'aurais dû m'en douter ! La délation étant encouragée chez les *TJ*. Cela me rappelle cruellement ce que j'ai subi, quelques années auparavant à Lisieux. Et mes sœurs n'ont pas pu présenter les choses avec tact. Elles sont, en tant que *TJ*, programmées pour être homophobes. Où auraient-elles su trouver les mots pour en parler aux parents sans les blesser ? Quel gâchis ! Décidément, il faut que je sorte ma famille de là. Mais après ce triste épisode, elle coupe les ponts.

Je leur envoie, à la fin de l'été, une petite carte postale sur laquelle je leur raconte toutes les bonnes choses qui m'arrivent, mon bonheur. J'espère que mon mot simple et positif leur ouvrira le cœur. Pas franchement ! Un mois plus tard, je trouve, dans une enveloppe froissée, un petite feuille de papier et un billet de cinquante euros. Je reconnais l'écriture de maman mais pas le style. Pas de « Mon chéri », ni de « Cher Nicolas ». La lettre commence ainsi :

« *Mémère a donné cinquante euros pour chacun de ses petits-enfants, je t'envoie ton billet* [...] *Tu as de la chance d'être heureux, d'autres ne le peuvent pas parce qu'ils sont rongés par la honte et le chagrin* [...] *Nos bras te seront à nouveau ouverts quand tu te décideras à mener une vie pure* ».

Ils me rejettent. Ils m'abandonnent, appliquant mécaniquement les ordres de la secte. Je ne suis plus leur fils à leurs yeux et cela me déchire.

Nicolas, 25 ans, rescapé des Témoins de Jéhovah

Je conserve malgré cela un lien avec mon frère qui me donne de leurs nouvelles. Et il me reste ma grand-mère maternelle ; notre complicité s'est renforcée. Elle sait par quelles douloureuses étapes je suis passé. Je peux lui confier ce que je ressens. Mamie, très malade depuis quelques temps, me donne aussi des nouvelles de maman, qui s'est rapprochée d'elle pour l'aider. Je suis tellement accaparé par mes activités, mes petits et grands bonheurs, personnels et professionnels, que je ne réalise pas tout de suite que mamie ne me donne plus de nouvelles. Et pour cause ! Après 9 mois de silence, mon père me téléphone.

–Mamie est à l'hôpital de Caen, les médecins pensent qu'elle ne survivra pas à la journée, je voulais te prévenir.

Il raccroche. Cela fait déjà trois jours qu'elle est dans un état critique et il ne me prévient que maintenant. Je saute dans le premier train pour Caen. Je veux pouvoir lui tenir la main avant qu'elle ne parte ; je veux lui parler même si elle ne m'entend pas. À mon arrivée, je ne sais pas que ma grand-mère est décédée depuis deux heures. Je n'ai prévenu personne de mon arrivée, personne ne m'en avertit donc. J'arrive essoufflé à l'hôpital mais l'agent d'accueil ne trouve pas ma grand-mère sur le registre. Son corps a déjà été enlevé de la chambre pour le funérarium et son nom déjà retiré du registre de l'hôpital. Je suis désespéré, je ne pourrais pas voir ma grand-mère. Le lendemain, je suis à Lisieux et mes oncles viennent me chercher à la Gare.

–On doit aller régler quelques papiers chez tes parents. Tu veux venir ou tu préfères qu'on te dépose quelque part.
–Je viens. Je n'ai aucun problème avec eux. C'est eux qui en ont un avec moi.
–On pense aussi qu'il est temps de crever l'abcès.

Plus je me rapproche de la maison familiale, plus j'ai l'estomac noué. Personne n'a prévenu mes parents de ma venue. Je sonne. C'est la première fois que je sonne chez mes parents, mais je me sens tellement considéré comme mal venu, que je ne m'y sens plus chez moi. Une silhouette apparait derrière la vitre et ouvre. C'est maman. Elle est seule à la maison. Je suis

Au revoir Mamie

en face d'elle. C'est le choc. La mère en elle reprend le dessus. Elle m'embrasse, heureuse de me voir. Je la sers fort.

-Tu m'as tellement manqué maman... !
-Toi aussi mon chéri...

Cela fait des mois que je ne l'ai pas vu, que je ne lui ai pas parlé, que je ne l'ai pas embrassé. Que de temps perdu !

Après les discussions de circonstance, mes oncles prennent congé et je reste seul avec ma mère. Nous échangeons quelques mots puis elle s'excuse.

-Excuse-moi Nicolas. Mais toutes ces émotions m'ont épuisé. Je vais aller me reposer un peu.

J'en profite pour faire du rangement. C'est à ce moment que Sonia rentre de cours et tombe sur moi affairé dans la cuisine. Je suis dans la maison alors que tout laissait à croire que plus jamais je n'y serais vu. Je l'accueille avec un grand sourire. Elle manque de s'étouffer.

-Qu'est-ce que tu fais là.?
-Bonjour Sonia ! Moi aussi je suis content de te voir !

Elle bredouille un salut et s'enferme dans sa chambre. Elle avait beau se sentir très légitime de parler de ma vie privée à mes parents, avec mon autre sœur, elle se sent bien moins fière en face de moi.

Quelques minutes plus tard, mon autre sœur, Magali, fait son entrée. Même choc. Même incompréhension pour elle. Comme si j'étais revenu d'entre les morts. Du reste ils m'avaient tous comme enterré pour mieux m'oublier. Elle aussi bredouille un bonjour et s'arrange pour m'éviter. Ma mère termine sa sieste et est rejointe par mes deux sœurs, toujours aussi penaudes.

-Je suis désolée de faire ça maintenant. Mais il faut absolument qu'on fasse des courses.
-Peu importe qu'on ne puisse pas parler pour le moment maman, maintenant que le contact est repris nous serons forcés d'avoir une conversation.

Nicolas, 25 ans, rescapé des Témoins de Jéhovah

Je les accompagne. Avant d'aller au supermarché, nous passons au funérarium Je vois enfin ma mamie. Mes sœurs et ma mère quittent la pièce après quelques minutes. Moi, j'ai beaucoup de choses à lui dire. Une fois ressorti, ma mère me suggère de rendre visite à ma grand-mère paternelle. Un peu plus détendue, ma mère redevient l'adepte zélée et entame une conversation culpabilisante sur ma vie intime. Je ne me laisse pas faire.

-*Que connais-tu de l'homosexualité maman ? A combien de gays as-tu parlé ? Qu'as-tu lu à ce sujet ailleurs que dans les publications de la secte ?*
-*... ça peut se gérer, se soigner !*
Je me retourne, m'approche au plus près et la fixe dans les yeux.
-*Tu ne devrais pas parler aussi légèrement d'un sujet que tu connais aussi mal maman. Tu ne sais pas de quoi tu parles.*
-*...*

Ma fermeté et mon calme la clouent sur place. Elle ne me connait pas ainsi : je n'ai plus peur.

Je fais à ma grand-mère la surprise de ma visite et lui explique pourquoi mes parents ne lui donnent plus de mes nouvelles depuis 9 mois. Je lui dis tout. Mon départ de la secte, ma sexualité inacceptable pour mes parents et enfin leur rejet brutal. J'en profite pour lui demander comment elle a vécu toutes ces années sans nous voir autant qu'elle voulait, à ne pas pouvoir fêter Noël avec nous, ni nos anniversaires.

-*C'était difficile c'est sûr. J'étais toujours très triste de ne pas pouvoir vous avoir pour Noël. De ne pas pouvoir fêter vos anniversaires. Mais bon c'était comme ça. Ton papa voulait pas.*
-*Et il a essayer de vous emmener dans la secte ?*
-*Oh oui. Tout le temps. Mais ton grand-père a jamais voulu en entendre parler. Depuis le début. Depuis qu'il est mort ton papa m'amène ses petits journaux tous les mois. Mais je ne les lis jamais. Je les mets dans le placard. J'ai beau lui avoir dit que je ne voulais pas devenir TJ, il continue.*

Et pour chaque *publication* laissée à ma grand-mère qui ne les refuse jamais mon père peut mettre un petit chiffre

Au revoir Mamie

supplémentaire sur son *rapport d'activité*. Soudain la porte d'entrée claque et apparait dans la pièce ... mon père.

-Qu'est-ce que tu fais là ?

Personne ne l'a averti non plus de ma visite et c'est pour lui le même choc que pour ma mère et mes sœurs. La situation est surréaliste. Ma grand-mère, sachant que c'est la première fois depuis des mois que je revois mon père, est toute gênée. Mon père ignorant qu'elle sait tout, fait comme si de rien n'était et j'en profite, lui faisant la conversation naturellement. Je suis tout sourire, parfaitement à l'aise. Lui est décomposé. Nous devons attendre le retour de ma mère ensemble, il est au supplice. Dès ma mère revenue, mon père m'accompagne à la gare. Il ne m'y dit même pas au revoir. J'ai à peine le temps de prendre mon sac qu'il démarre en trombe. La fin est abrupte, mais je les ai tous obligé à me revoir.

Le mardi suivant, j'y retourne pour les obsèques. J'arrive pour le repas de midi et trouve mes parents relativement détendus. Ils m'accueillent comme si rien ne s'était passé, comme si on se voyait régulièrement, comme avant. Je remarque même qu'ils attendent que je sois aux lavabos pour faire une prière rapide pour ne pas me l'imposer à table avant le repas. Je mange en famille. Je crois rêver, je ne pensais pas que cela serait à nouveau possible un jour. La situation est extraordinaire : ma famille *TJ* mange avec moi, un dé*missionnaire* qui plus est gay. Je jouis de l'instant sachant qu'il risque de ne jamais se reproduire. Nous nous rendons ensuite aux obsèques. Et là mes parents sont confrontés au défilé de la honte. Tous les membres de ma famille maternelle viennent me voir devant mes parents, avant même de les saluer.

-Tu sais Nicolas, si ça ne se passe pas bien chez tes parents, tu peux venir dormir à la maison !

Ma grand-mère paternelle fait de même juste devant papa. C'est un soufflet pour lui. Une fois la cérémonie passée, nous rentrons. Mais je ne compte pas partir dès le soir ; les cendres de mamie seront répandues le lendemain et je tiens à y être. Je passe donc la nuit chez mes parents, une victoire de plus pour moi. Je mange à nouveau en famille. Quel bonheur ! Ils ne

Nicolas, 25 ans, rescapé des Témoins de Jéhovah

s'en rendent pas compte mais je suis très ému. Je passe même la soirée devant la télé avec mon père. Nous avons une petite discussion banale avant d'aller nous coucher. Tout a le goût délicieux de la normalité. Je déguste chaque seconde.

Le lendemain matin, je discute avec mes parents des circonstances du décès de ma grand-mère et des détails des obsèques. Tout est simple et naturel. L'événement fait relativiser bien des choses. Tout semble en bonne voie. C'est la dernière grande victoire de ma grand-mère comme me le dira ma tante : avoir réussi à me réunir avec mes parents par son décès. Elle souffrait tant de voir notre famille de nouveau déchirée à cause de la secte.

Mon père m'accompagne à la gare mais contrairement à la semaine précédente il descend de voiture et m'embrasse pour me dire au revoir.

–Tu sais papa. Ça me ferait plaisir que tu m'appelles de temps en temps...

Il remonte dans la voiture avec un sourire encourageant et s'éloigne. Je reviens sur Paris avec l'impression que les choses sont enfin arrangées. Je me vois déjà leur présentant mon petit ami, mais chaque chose en son temps. Car une fois le poids du deuil passé, les contacts redeviennent froids et uniquement de mon initiative. Je m'efforce chaque fois de les appeler pour leur annoncer une bonne nouvelle qui m'arrive. Je veux que chacun de mes appels soit marqué d'un sceau positif. Deux semaines après les obsèques de ma grand-mère je célèbre mon deuxième anniversaire pour mes 24 ans. Je le lui dédie. Au revoir Mamie.

CHAPITRE 18
De l'obscurantisme à la lumière

En septembre 2006, les événements s'accélèrent. Une commission d'enquête parlementaire se réunit pour traiter des dérives sectaires et de leurs atteintes sur la santé physique et mentale des mineurs. Je suis convoqué pour y témoigner. Et le mardi 26 septembre, j'entre donc pour la première fois à l'Assemblée Nationale. Avec Alain Berrou, également ex-*TJ*. Nous racontons chacun notre histoire au sein de la secte. Jérôme nous y accompagne au fond de la salle. Pendant plus d'une heure, interrogés par les députés de la Commission présidée par M. Georges Fenech nous décrivons précisément le rythme de vie et l'endoctrinement imposés par le mouvement aux enfants. Les députés sont étonnés de notre analyse du système, mais cela fait deux ans que je la construis sans le savoir en rédigeant mon témoignage.

Une semaine plus tard, je téléphone à mon père, ne l'ayant pas eu depuis longtemps au téléphone et pour cause, il a entendu parler de mon intervention devant la Commission.

–On a été très blessés par tes propos.
–Tu as vu mon intervention ?
–... non... on m'en a parlé...
–...

Comme d'habitude il croit ce qu'on lui dit sans jamais vérifier, tant que cela va dans le sens de la secte. Je suis tellement triste d'un tel déni de toute réflexion, de toute sincérité dans la démarche.

Nicolas, 25 ans, rescapé des Témoins de Jéhovah

–Et ta mère a trouvé des choses dans les affaires à mamie.
–Quelles choses ?
–Des lettres, et quelque chose qui ressemble à un projet de livre.
–Ah... et tu l'as lu ?
–Non... je n'ai lu que la première page. Le reste ce ne sont que des mensonges !
–... comment peux-tu affirmer ça sans l'avoir lu ?
–Le début que j'ai parcouru m'a suffit à m'en persuader !
–Tu aurais mieux fais de le lire, ça t'aurait appris des choses...
–Combien de personnes l'ont lu ?
–Ça ne te regarde pas ! C'est ma vie que j'ai écrit dans ces pages. Et si la Vérité te fait peur... c'est que tu n'es probablement pas dedans !

Il a également, avec ma mère, lu les lettres que ma grand-mère m'avait envoyé et dont elle avait gardé une copie. De quel droit ont-ils lu nos correspondances intimes ? Mais j'oublie que les TJ s'arrogent tous les droits lorsqu'il s'agit de défendre leur secte. Je suis écœuré. Ils se sentent la légitimité de tout au nom de *Jéhovah*.

Mon père se mure à nouveau dans le silence. Je ne supporte plus l'injustice de la situation. Je finis par le rappeler un soir où la douleur de la séparation devient intenable. Il est près de minuit et je tombe sur son répondeur. Je lui laisse en pleurs un message.

–Papa, tu me manques, vous me manquez. C'est pas juste. J'en ai assez de dire que je me moque que vous m'ayez abandonné, que vous ne me considériez plus comme votre fils. Ça me fait mal, je ne le supporte plus. J'ai envie de vous voir. Je vous aime moi, même si vous ne m'aimez plus. Vous me manquez.
Le lendemain mon père m'appelle.
–Est-ce que tout va bien ? Tu veux qu'on se voit ?
–Oui ! Tu me manques !
–Tu nous manques aussi, Nicolas, mais tu sais bien comment ça fonctionne...
–...

Je suis sous le choc. Je leur manque aussi mais ils continuent de suivre les lois cruelles de la secte. Il semblait pourtant venu m'appeler avec de bonnes intentions mais bien vite, le discours sectaire reprend le dessus en condamnations et critiques. Je suis encore plus démoralisé qu'avant. J'ai le sentiment qu'il n'y a aucun espoir, qu'ils ne changeront jamais d'avis.

Le 19 décembre 2006, la Commission d'Enquête Parlementaire rend son rapport public. Je suis donc contacté par la presse. Je suis demandé pour des interventions radio et télé. Je me rends compte que je vais être vu et entendu un peu partout et je préfère en avertir ma famille avant. Je laisse donc un message à mon père.

–Papa, c'est Nicolas. Je voulais juste te prévenir que je vais faire des interventions télévisées et radio à l'occasion de la sortir du rapport de la commission d'enquête parlementaire devant laquelle j'ai témoigné en septembre. Je veux juste que tu saches que je ne fais pas ça contre vous ou pour vous blesser. Je fais ça pour vous et pour les autres. Je t'embrasse, je vous aime.

J'appelle mon frère dans la foulée pour le prévenir. J'ai avec lui un long échange où je parviens presque à lui faire admettre que les TJ sont une secte dangereuse. Je passe le jour de la remise du rapport dans le journal de 13h00 sur TF1 et France 2. Une heure plus tard, je reçois un appel de mon frère en colère.

–Les parents m'ont appelé. Il y a des gens, même pas Témoins de Jéhovah, qui leur ont dit qu'ils t'ont vu au journal télé et ont été choqués que tu salisses les parents à la télévision.
–Mais je n'ai pas parlé un seul instant des parents dans mes interventions !

Ce qui signifie que ni mes parents, ni mon frère n'ont vu l'émission en question et comme d'habitude ils jugent sans connaître, sur des on dit. Ça commence à devenir vraiment fatiguant de se heurter à une telle mauvaise foi constante, systématique et aveugle. Je tente de calmer mon frère, mais il est en colère. Il vient encore de subir la pression de mes parents, comme deux ans plus tôt lors de mon voyage en Suisse, et il me la fait subir en retour. Je lui raccroche au nez et par SMS lui dis que je le rappellerai le lendemain quand tout ça sera passé. J'ai les nerfs à vifs, je craque. Ce n'est déjà pas facile de parler sans cesse de ce que j'ai subi dans la secte aux médias mais l'appel de mon frère c'est trop. Je m'effondre en larmes. Les nerfs lâchent. Quelques minutes plus tard, je reçois un SMS de mon frère.

-Je viens de voir le reportage de TF1, autant pour moi. Fais juste attention aux parents.
-(SMS) Si j'ai besoin de quelque chose aujourd'hui c'est de ton soutient, pas de ton jugement.

Heureusement, mes amis sont là, m'aident et me soutiennent toujours. Mais une telle médiatisation n'est pas sans retombées et toute ma famille paternelle et maternelle me voit et m'entend. Mon père essaye donc de saper mon discours auprès de sa famille en disant que je ne fais tout ça que parce que je suis homo. Il n'y a surement que lui qui voit le rapport. Mais comme d'habitude chez les *TJ* on préfère s'attaquer au porteur du message qu'au message lui-même.

Je passe mon troisième Noël toujours avec ma petite famille d'amis parisiens et je reçois un cadeau inattendu. Un éditeur appelle, il veut sortir mon témoignage. C'est M. Jean-Claude Gawsewitch. Il est le seul éditeur à me contacter. Le sujet est dangereux car les *TJ* sont très procéduriers et multiplient les attaques pour diffamation contre ceux qui dénoncent leurs agissements. D'ailleurs au moment où je retouche les dernières lignes de ce témoignage, je viens de recevoir une plainte pour diffamation de la part de *l'Organisation des Témoins de Jéhovah de France*, pour les propos que j'ai tenu devant la Commission d'Enquête Parlementaire. L'important pour eux n'est pas de gagner mais de faire ployer leur adversaire sous les frais judiciaires en faisant traîner les procédures. Ils empochent près de 40 millions d'euros par an rien qu'en France et ont une armée d'avocats à leur service. La bataille est inégale. Mais qu'importe, M. Gawsewitch veut éditer mon témoignage, quels que soient les risques encourus. L'information du public doit primer. Je demande alors à M. Fenech, le président de la Commission d'Enquête qui m'avait auditionné de bien vouloir préfacer mon livre. Il me fait l'honneur d'accepter.

CHAPITRE 20
Conclusion – Novembre 2007

Après 3 ans de recherches, d'analyse et d'écriture, j'arrive enfin au bout. Mes 25 ans sont dans ces pages : 22 ans d'enfermement sectaires, 3 années de sortie douloureuses. Je me suis efforcé d'être exhaustif, mais il y a chaque jour de nouveaux souvenirs qui remontent à la surface. Je ne peux écrire indéfiniment et il faut bien me décider à arrêter à un moment. Je n'espère qu'une chose, que mon témoignage permettra d'informer sur la condition des enfants dans l'*organisation* des *TJ* et ainsi d'éviter peut être à certains de se faire duper par elle ou une autre, tant sa mécanique est commune à toutes les organisations sectaires. Pour ma part, je continue le travail de déconstruction de l'idéologie sectaire qui a été imprimée en moi. Ce témoignage en est une pièce fondamentale. Je n'aurais pas pu m'en sortir aussi vite si je n'avais pas écrit. Je n'aurais jamais pu imaginer non plus, au moment où je débutais ma sortie de la secte, en être là aujourd'hui. Je n'ai jamais voulu être un porte-parole des victimes des *TJ*, c'est à peine si je me considérais comme victime.

En ce qui concerne ma famille, je n'ai toujours pas de contact avec mes parents et mes sœurs. Depuis mes interventions télévisées de Décembre 2006, je n'en ai plus non plus avec mon frère. Mais je suis confiant. Je sais qu'il faudra du temps pour renouer. Certainement d'avantage après la sortie de ce livre, qu'ils vont considérer comme une attaque personnelle tant ils sont incapables de se dissocier du groupe. J'espère seulement qu'ils le liront … jusqu'au bout.

Nicolas, 25 ans, rescapé des Témoins de Jéhovah

Je veux qu'ils sachent encore une fois que je les aime. Tout simplement. Ce témoignage, c'est à eux que je le dédie. Si je suis fort et heureux aujourd'hui, c'est grâce à l'amour qu'ils m'ont donné à l'insu de la secte.

Papa, Maman, Magali, Sonia, Frédéric, à très bientôt dans la vraie vie !

CHAPITRE 21
Sept ans plus tard - novembre 2014

La réédition du livre en 2014, sept ans après la première édition, est l'occasion d'apporter un complément au récit, souvent demandé par des lecteurs du livre.
Que s'est-il passé ensuite ? Que suis-je devenu ? Ais-je pu renouer avec ma famille ? Quel a été le verdict des procès intentés contre moi par les dirigeants des Témoins de Jéhovah ? Où en est ma reconstruction ?

L'édition du livre s'est fait dans une relative discrétion médiatique. Nombre des médias qui m'avaient sollicité lors de la sortie du rapport parlementaire m'avaient assuré qu'ils communiqueraient autour de mon livre à sa sortie. Dans les faits, très peu ont osé en parler par peur des risques d'attaque juridique de la part des *Témoins de Jéhovah*. Parler de l'action gouvernementale est une chose, on peut se cacher derrière le fait d'actualité. Faire la promotion d'un livre est d'avantage une prise de parti, qui peut se révéler risquée quand le sujet concerne les *Témoins de Jéhovah*, réputés pour être très, mais alors très, procéduriers. J'en ai fait l'expérience. Nombre de journalistes, même s'ils m'ont félicité pour la sortie du livre et l'ont trouvé intéressant, n'ont pas eu l'accord de leur direction pour en parler. Trop sensible.

M'ayant déjà poursuivi en diffamation pour mon témoignage devant la commission d'enquête parlementaire "Sectes et Mineurs", procès qu'ils ont perdu, il n'a pas été surprenant que les dirigeants des *TJ* me poursuivent également pour mon livre. Ils avaient déjà fait pression sur mon éditeur, avant même la sortie du témoignage, lui promettant un procès s'il persévérait dans son projet d'édition. L'éditeur tint bon et le livre fut édité. En tout 5 000 exemplaires furent imprimés et il s'en est vendu 2800 au bout d'un an et demi. Je touchais 1.6 euros sur chaque livre vendu. Difficile de prétendre à une démarche mercantile, comme m'en ont accusé sur le web des *TJ* hâtifs en jugement. En comparaison des 90 millions d'exemplaires cumulés de *La Tour de Garde* et Réveillez vous !, édités chaque mois par la *Watchtower*, en près de 160 langues et diffusés dans le monde entier, en plus de toutes leurs autres publications, on comprend mal leur acharnement contre ce petit livre.

Suite à son édition, La Miviludes (Mission Interministérielle de Vigilance et de Lutte Contre les Dérives Sectaires), organisme d'État sous les ordres directs du Premier Ministre, a mis en ligne sur son site officiel, le résumé et la couverture dans sa rubrique de références documentaires, au même titre que des livres sur la Scientologie, Raël, etc.
Dans les jours qui suivirent, les dirigeants des *TJ* de France portèrent plainte en urgence contre la Miviludes, par la voix d'un de leurs fidèles avocats, Maître Goni, devant le juge des référés du Conseil d'État, la plus haute juridiction française, au motif d'une «*promotion faite par l'État d'un ouvrage à caractère diffamatoire*».

Il est intéressant d'analyser un instant ce qui les a amené à engager une telle action, eux à qui on pourrait pourtant prêter une grande expérience des procédures, vu le nombre d'actions en justice qu'ils avaient déjà intentées. Ils s'attaquaient, en fait, par le biais de mon livre, directement à l'État. Il s'agissait manifestement d'un test, non seulement contre la Miviludes, depuis longtemps dans le collimateur des dirigeants *TJ* pour sa position inflexible relative aux dérives sectaires, manifestes pour elle chez les *Témoins de Jéhovah*, mais également contre mon livre. Si cette procédure avait été couronnée de succès pour eux, ils auraient marqué des points dans leur combat contre les instances de l'État dénonçant les dérives sectaires, dont celles des TJ, et un procès en diffamation contre mon éditeur et moi-même aurait suivi dans la foulée. Tout était sans doute prévu dans ce sens, les dossiers de plainte prêts à partir aux tribunaux, mais les choses ne se passèrent pas comme les *TJ* l'escomptaient.

Sept ans plus tard - novembre 2014

Contre toute attente, le juge des référés me demanda de produire un mémoire en défense. Normalement, seuls des membres ou des agents de l'État participent à une telle procédure, mais mon livre et son caractère prétendument diffamatoire étant au centre du contentieux, le juge souhaita avoir une réponse de l'auteur aux accusations des *TJ*.

Ma ligne de défense fut très simple et imparable. J'ai prouvé chaque ligne de mon livre, que les TJ estimaient diffamatoires, par les propres écrits de la *Watchtower*, avec pour postulat de départ :
«*Mon livre n'est pas une critique du mouvement des TJ, mais le récit de mon vécu, et en tant que tel il ne peut pas être contesté. Si ce dont je témoigne dans mon livre est de plus conforme à ce que les TJ écrivent et diffusent dans le monde entier dans leurs publications à des millions d'exemplaires et en plus de 160 langues, ils ne peuvent prétendre à la diffamation.*»

Le trait porta. Le matin même de l'audience devant le Conseil d'État, les *TJ* produisirent dans l'urgence un second mémoire en réponse au mien où toute accusation de diffamation avait disparu. Lui était préféré le terme de «*diabolisation du mouvement par une généralisation du propos*», ce qui n'a aucune signification juridique, contrairement au terme «diffamation» précédemment invoquée. Mieux encore, en page 5 de leur mémoire, les dirigeants des *TJ* admirent la «*respectabilité de témoignages tels que celui de Monsieur Nicolas Jacquette*». Formule qui fut confirmée à l'oral lors de la plaidoirie de Maître Goni, l'avocat des *TJ*, devant le juge des référés : «*Si on laisse la Miviludes mettre tous les torchons qu'elle veut sur son site...euh... nous ne voulons pas parler ici de l'honorable témoignage de M. Jacquette...*»

Il n'y avait donc pas diffamation, ce que le Conseil d'État confirma dans sa décision de novembre 2007. Les *Témoins de Jéhovah* furent donc déboutés. Seule la forme était jugée lors de ce procès, les *TJ* attaquèrent donc à nouveau, sur le fond cette fois ci. Après jugement, ils durent à nouveau admettre la respectabilité de mon témoignage et furent à nouveau déboutés en Aout 2008, toujours par le Conseil d'État, qui confirma la Miviludes dans la légitimité qui était sienne de mettre mon témoignage sur son site, dans les ressources documentaires relatives aux dérives sectaires. Une confirmation de la plus haute juridiction française du caractère sectaire des dérives manifestées par le mouvement des *Témoins de Jéhovah*.

Ainsi donc, M. Pons, porte parole de l'ACTJF, et M. Canonici, Président du *Directoire des Témoins de Jéhovah de France*, ont admis la respectabilité de mon témoignage et son caractère véridique. Ce qu'a confirmé le Conseil d'État. De fait, les dirigeants des *TJ* ayant en principe une connaissance plus pointue que les adeptes de base des arcanes du mouvement, dont ils gèrent les intérêts, plus aucun *Témoin de Jéhovah* n'a de légitimité à critiquer mon témoignage. Je n'en attendais, je dois dire, pas autant de leur part.
Si l'on entre dans la logique du dogme des *TJ*, ces deux hommes sont établis dirigeants des activités des *TJ* de France par l'Esprit de Jéhovah. De fait, s'ils admettent la respectabilité de mon témoignage, cela signifie que leur Dieu lui-même l'admet également puisqu'il est censé leur insuffler sa volonté. Fermons la parenthèse dogmatique.

D'un point de vue plus pratique, ce témoignage des conditions de vie des enfants au sein du mouvement des *Témoins de Jéhovah*, avalidé par les dirigeants des *TJ*, le Conseil d'État, la Miviludes, les parlementaires, les associations et les ex-*TJ* qui témoignent de la vie strictement similaire qu'ils ont vécu, peut maintenant servir de preuve factuelle et objective dans le cadre de procédures judiciaires, notamment de garde d'enfants lorsque l'un des parents est *TJ* et l'autre non. Mon témoignage a déjà été produit dans plusieurs jugements de ce type et a permis d'influencer les juges dans leur prise de décision, dans le souci de protéger les enfants de l'influence dangereuse pour leur développement affectif, social et intellectuel qu'ils ne manqueraient pas de subir au contact de ce mouvement. Il pourra également servir de base a des plaintes pour discrimination, dont la première a été faite en Belgique et commence à faire des émules en France. Discrimination relative à l'obligation faite aux membres du mouvement de cesser tout contact avec des démissionnaires ou exclus. Des procédures sont actuellement à l'étude à la HALDE. Pour s'en servir, les décisions du Conseil d'État sont accessibles au public, y compris sur internet sur le site Legifrance, et les mémoires sont consultables sur simple demande auprès des greffes du Conseil d'État, ce que peut demander n'importe quel citoyen.

Ce qui est intéressant dans cette procédure que les *TJ* ont lancé contre le livre, et ce devant la plus haute instance juridique de France, c'est qu'en voulant frapper un grand coup, qu'ils espéraient retentissant dans leur bataille de longue date pour leur reconnaissance officielle comme religion, ils ont à la place apporté la plus éclatante caution à mes propos et ce sont retrouvés face au juge du Conseil d'État, car dans ces moments là il n'est plus possible de mentir, le parjure pouvant coûter très cher, à devoir admettre en les termes cités plus haut, non seulement la véracité entière du contenu de mon témoignage mais en plus le caractère sectaire de leurs dérives dont le livre se fait le rapporteur. C'était incroyable ce qui venait de se passer là, devant le Conseil d'État. Et ni les avocats de la Miviludes, ni moi-même, n'aurions pu imaginer que les *TJ* se rétracteraient de façon si spectaculaire. Ce ne sont évidemment pas ces évènements qui sont communiqués aux adeptes, car il s'agissait là d'une victoire de la réalité sur leur «*Vérité*», apte à ébranler leurs convictions.

Contrairement à ce qu'ils espéraient obtenir en cas de victoires, leurs défaites cuisantes et répétées m'ont offert une légitimité totale qui m'a valu d'intervenir dans de nombreuses conférences dans toute la France pour des associations de lutte contre les dérives sectaires, dans des cessions de formation d'agents de l'État, au sein des préfectures ou encore à l'École Nationale de la Magistrature dans le cadre de formations de sensibilisation à la problématique sectaire auprès des juges d'instruction. En voulant me faire taire, ils ont en fait promu mon message et décuplé sa diffusion à toutes les instances les plus importantes, dont ils essayent depuis des années de s'attacher les faveurs. Echec et Mat.

Sur le volet judiciaire tout du moins. Car il est important de préciser qu'à chacun de leurs dossiers de plainte auprès des différentes juridictions, ils ont chaque fois associé des membres de ma famille. Dans leur première plainte en diffamation pour mon témoignage devant la commission d'enquête parlementaire, ils avaient produit une attestation rédigée et signée par mon père censée prouver que je mentais dans mes déclarations. Moyen pour les *TJ*, non seulement de tenter de démentir mes affirmations mais surtout de déplacer la procédure dans ma sphère familiale en faisant de mes parents et moi des adversaires. Une façon perfide de m'attaquer sur le plan affectif, avec pour message sous-jacent : si tu continues à parler tu reculeras d'autant le moment où tu pourras espérer renouer avec ta famille. Ce qui a toujours été ma volonté et mon objectif déclaré. Ils ne pouvaient donc pas l'ignorer. Ce qui était triste pour ma famille, alors que pour ma part je m'étais efforcé de les préserver, c'est que le mouvement, lui, n'a pas hésité à les emmener dans des procédures qui les éclaboussaient sans considération, tant l'utilisation qui était faite par les TJ de leurs témoignages confinait au ridicule.

Cette attestation de mon père, datée de 2006, a été ensuite réutilisée telle quelle par les TJ pour la procédure de 2007 devant le Conseil d'État, sans qu'aucun élément ne laisse à penser que mon père ait été mis au courant de ce recyclage. J'ai donc, à la réception des éléments de la plainte, écrit une lettre à mon père, l'avertissant de la réutilisation qui en était faite, du fait qu'il était placé peut être sans le savoir sur le devant de la scène devant la plus haute juridiction du pays et que son attestation, et l'utilisation qui en était faite, assuraient une défaite inévitable au *TJ*, dont je souhaitais le préserver. Cette attestation énumérait un certains nombre de détails de notre vie de famille laissant à penser que nous menions une vie « normale », que nous n'étions pas coupés de la société et que les enfants s'y épanouissaient tant affectivement qu'intellectuellement. Tous les détails qu'il décrivait étaient absolument exacts, à la seule réserve qu'ils étaient présentés sous un angle incomplet, pour ne pas être défavorable à la thèse qu'ils étaient censés défendre. Il écrivait, notamment, que nous partions chaque année en vacances, mais omettait de dire que nous partions presque chaque fois avec d'autres *TJ*, que nous emportions nos costumes et des *publications* et que nous assistions aux *réunions* comme chez nous. Il affirmait que nous faisions des fêtes entre amis, en oubliant de préciser que c'était seulement avec des *TJ* et que nous n'avions, de toute notre enfance, jamais participé à une seule fête avec les membres non-témoins de notre famille, c'est à dire toute notre famille, grands parents, oncles, cousins. Il attestait que nous étions poussés à lire, sans préciser que la proportion de

Sept ans plus tard - novembre 2014

littérature *TJ* à la maison submergeait la littérature non-*TJ*, objet d'une censure drastique. Chacun de ses arguments était volontairement partiel pour donner l'illusion que notre famille vivait normalement. Je me suis fait fort de combler les manques dans mon mémoire en défense. Et ils ont évidemment perdu.

Mais moi aussi, sur le volet affectif. A chaque procédure, le fossé entre ma famille *TJ* et moi se creusait d'avantage. Ils se voyaient en soldats de Dieu et me voyaient en suppôt de Satan. Une vision manichéenne respectant scrupuleusement les diktats du mouvement, prônés dans les *publications*, visant à détruire méthodiquement les liens familiaux et sentiments pouvant subsister avec un adepte sortant ou exclu. Pas vraiment la base idéale pour permettre un rapprochement. Jusqu'à cet été, où, en vacances à Perpignan, en pleine visite du fort Vauban, je reçois un appel de mon frère, qui ne m'avait plus parlé depuis la sortie du livre. Je lui avais remis un exemplaire, à lui comme à chaque membre de ma famille avant sa sortie officielle, pour qu'il sache quel en était le contenu avant que des *TJ* «bien intentionnés» ne viennent leur en faire un reader digest à leur sauce. Mon frère a besoin d'aide et je suis le seul à qui il peut librement s'en ouvrir. Je réponds présent. Je mets tous mes moyens à sa disposition et il réalise que l'amour inconditionnel n'est pas du côté des *TJ*, qui ne l'auraient pas aidé. Cet évènement nous permet de renouer. Et petit à petit je parviens à l'extraire tout à fait de son environnement *TJ* qui le maintenait sous pression. A partir de ce moment, nous commençons à créer une relation fraternelle nouvelle, sans le poids des *TJ*. Quel bonheur de retrouver mon frère ! Chaque moment que je passe avec lui depuis est spécial, sachant d'où nous venons, et que sans cette occasion pour nous rapprocher, nous ne nous verrions sans doute toujours pas. Je peux maintenant prendre des nouvelles de ma famille par son intermédiaire. J'apprends du coup que j'ai un neveu, qui a déjà deux ans, que je n'ai jamais rencontré, et dont je n'ai jamais été averti de la naissance.

Quelques temps plus tard, ma grand-mère paternelle décède. Je vais revoir ma famille, non sans stress. Cette fois je n'ai pas le loisir d'aller chez mes parents, c'est une des sœurs de mon père qui m'accueille. Le jour des obsèques, mémère ayant souhaité une petite cérémonie à l'église, nous nous retrouvons à la chapelle de l'hôpital. Enfin, uniquement mes oncles, tantes, cousins et cousines. Ni mon père, ma mère, mes sœurs ou mon frère ne sont là. On n'assiste pas à un office religieux d'une autre croyance quand on est *TJ*, c'est interdit. Même quand on enterre sa mère. A la sortie de la chapelle, mon père est là, seul. Je l'embrasse et lui demande comment il va.

« Ça va ! »

Deux mots. C'est déjà beaucoup et je m'en contente. Je remonte dans la voiture de ma tante et nous nous dirigeons vers le cimetière. Ma mère, mes sœurs et mon frère sont déjà là. Ma mère, lunettes noires sur le nez, est debout, figée et n'esquisse pas un geste, ni ne prononce un mot, lorsque je viens l'embrasser en lui disant que je suis content de la voir. Un bloc de marbre, le visage dur. Mes sœurs l'imitent. Mon frère a dans les yeux une tristesse immense en me voyant ainsi exclu, mis à l'écart.
La mise en terre finie, nous allons prendre une collation chez ma tante, mais mes parents, mes sœurs et mon frère partent de leur côté et ne se joindront pas à nous. Mon frère me fait un signe discret de la main, de loin, avec une expression désolée. Ce petit geste aura été mon rayon de soleil dans cette sombre et éprouvante journée.

CHAPITRE 22
Coup de théâtre

En 2009, je reçois l'appel d'un avocat. Il défend le député Jacques Myard, que les *TJ* ont attaqué en diffamation. Quelle surprise ! Cette procédure fait suite à une interview donnée au journal Le Point, où il avait utilisé, concernant les *TJ*, l'expression «*enfermement des enfants*». Il parlait d'isolement social mais les TJ l'attaquent en traduisant son expression par «séquestration» et attaquent aussi le journal dans la foulée. Le député souhaite que je vienne témoigner en sa faveur. J'accepte. La liste de ses témoins est donc envoyée aux *TJ*, qui nous font parvenir la leur en retour. Ma sœur Sonia est de leur nombre. Ils lui ont demandé de témoigner contre moi.
Au lieu de prendre un témoin contre le député, ils prennent un témoin contre un de ses témoins. Technique habituelle des *TJ*, qui jamais ne s'aventurent sur des discussions sur le fond mais toujours tentent de discréditer la personne. J'ai le sentiment que le procès du député, va devenir le mien.

L'audience est fixée au mardi 6 octobre 2009 au Tribunal de Grande Instance de Nanterre. Je suis tendu, d'autant que l'avocat du député n'a pas consulté un seul des documents que je lui avais fait parvenir depuis des semaines. Je découvre avec stupeur, la difficulté qu'ont les avocats à comprendre l'importance de la mécanique sectaire dans leurs plaidoyers, pensant que le droit seul peut y suffire. Je me retrouve entre deux portes, à peine quelques minutes avant l'audience, à devoir lui faire un résumé des éléments que je lui avais fait parvenir. Il écarquille les yeux toutes les deux phrases, il découvre en fait ce que sont les *Témoins de Jéhovah*, il n'avait fait aucune recherche jusque là. Et n'avait pas pris la peine de lire les synthèses que je lui avais rédigées au préalable pour l'aider à se préparer et lui donner les points clés sur lesquels il pouvait appuyer sa défense. Le député entre dans la salle d'audience, je reste à l'extérieur, dans une sorte de grand hall d'attente. J'attends d'être appelé à témoigner. Je suis venu, accompagné de Jérôme et d'un ami. Ce dernier me fait remarquer une belle fille qu'il trouve très mignonne. Je réalise seulement à ce moment que c'est ma sœur. Je suis appelé dans la salle pour témoigner, en arrivant à sa hauteur je la salue.

-Bonjour Sonia, tu es devenue très jolie. Je ne t'avais pas reconnue.
-Ben tu vois qu'on peut être TJ et être épanouie ! me répond-elle du tac au tac.
-Je suis heureux que tu le sois.

J'entre dans la salle. Je m'installe à la barre et l'avocat du Député m'interroge. Chacune de ses questions est si vague que je suis obligé d'obliquer sur les thématiques qui permettront aux juges de se faire une idée de l'embrigadement des enfants au sein du mouvement. Et je leur parle de ma sœur Sonia, qu'ils vont entendre. Je les préviens.

« Elle a été enseignée dans la croyance que les juges humains, vous, n'avez aucune légitimité si leurs décisions contredisent des principes de leur culte. La justice divine prime sur la vôtre à ses yeux. Et s'il faut mentir, même par omission, pour protéger, ce qu'ils appellent, les intérêts du Royaume, elle n'hésitera pas. »

Vient le tour de l'avocat de l'accusation de m'interroger.

« Cela fait 35 minutes que vous affirmez des choses, nous verrons tout à l'heure si c'est vrai lorsque votre sœur témoignera... et votre père est ici aussi ! »

Coup de théâtre ! Effet de manche. Mon père avait été tenu à distance de la salle et fait entré par l'arrière durant mon interrogatoire, pour ne pas que je le vois. Les *TJ* espéraient me déstabiliser. Cela n'a pas fonctionné. Et l'avocat des *TJ* eu droit à un recadrage de la part des juges qui goûtèrent fort peu de voir une tentative d'intimidation de témoin aussi vulgaire. Après avoir un peu repris contenance, l'avocat m'interroge. Et je sens que toutes ses questions visent d'une façon ou d'une autre mon intimité. Il veut me faire dire que je suis homosexuel. Faire dériver le débat sur l'homophobie de ma famille plutôt que le sectarisme. Je ne lui offre pas ce plaisir. Et je l'utilise pour lancer un sujet sur lequel je sais les juges sensibles.

-Il y a eu un évènement je crois savoir qui vous concerne intimement et qui a provoqué votre départ du mouvement. Pourriez-vous nous en parler ?
-Vous voulez sans doute parler de la procédure de jugement interne à laquelle j'ai été soumis par les Témoins de Jéhovah qui les a autorisé à m'interroger sur les détails les plus intimes me concernant, à les reporter dans un dossier auquel je n'ai jamais pu avoir accès, dossier qui a été transmis au mépris de la loi informatique et libertés au siège national et international du mouvement. C'est bien de cela dont vous voulez parler ?

L'avocat ne s'attendait pas à cela. Il pensait me coincer et c'est lui qui est sonné. Il s'assoit brutalement sur sa chaise.

« Plus de questions. »

Je l'avais vu venir de tellement loin. Il n'avait pas du se renseigner sur mes argumentaires lors des précédents procès que les *TJ* avaient perdu.
Mon audition se termine, et ma sœur est appelée dans la salle. Elle toise les juges avec une arrogance hallucinante. Elle se prend pour un soldat de Dieu, elle est dans *La Vérité*, elle, et *Jéhovah* est derrière elle. Elle voue aux juges en face d'elle un mépris ostensible, toute gonflée de son sentiment de supériorité. Au point même de rire des questions de l'avocat, ce qui lui vaut d'être reprise à l'ordre par les juges, lui intimant de surveiller son attitude et de ne pas manquer de respect aux magistrats qui sont devant elle. Elle perd un peu de sa belle assurance. Tout son argumentaire me vise. D'après elle, je suis un menteur. Toute mon action n'est motivée que parce que je suis homosexuel et que ce n'est pas accepté par les *Témoins de Jéhovah* comme par bien d'autres religions et croyances. Elle a vécu une enfance normale. Circulez, y'a rien à voir !

Lorsque l'avocat du député l'interroge, il cible des évènements précis de son enfance sur lesquels je l'avais aiguillé.

-Est-ce que lorsque vous étiez enfant vous pouviez recevoir des enfants non-Témoins dans votre chambre pour jouer ?
-Bien sur !
-Est-ce que vous avez fait des soirées pyjamas chez vous avec enfants non-témoins ?
-Oui, j'en ai fait.
-Pouvez vous me dire alors ce que vous pensez de cet extrait d'une Tour de Garde éditée par les Témoins de Jéhovah qui dit que de fréquenter des non-Témoins est dangereux et qu'il vaut mieux réserver son temps libre pour le partager avec d'autres Témoins de Jéhovah ?
-... on n'applique pas tout à la lettre. Nous sommes libres. Ce sont des conseils, pas des ordres.
-Ce que je vous ai cité donc, n'a jamais été appliqué dans votre famille ?
-Non. Pas à la lettre.

Mensonge théocratique. Tout ce dont j'avais averti les juges, ils l'ont vu à l'œuvre tel qu'énoncé. Son manque de respect pour leur fonction, le mensonge théocratique au besoin. Tous les moyens nécessaires sont bons pour cacher la réalité du mouvement aux profanes. Quitte à omettre ou mentir. Je jette quelques regards à mon père avant de partir. Il a les cheveux tout blancs alors qu'ils n'étaient que grisonnant la dernière fois que je l'avais vu. Je n'ai pas pu l'approcher et c'est la dernière fois que je le verrai vivant. Au tribunal. Merci les TJ.

Le lendemain, je téléphone au député, en colère. Comment son avocat a-t-il pu faire preuve d'autant d'amateurisme. Il avait tout en main et n'a rien utilisé. C'est impardonnable. Pour lui c'est un petit incident parmi les nombreux qu'il a rencontré dans sa vie de parlementaire. Mais lorsqu'il me demande de témoigner pour lui, c'est ma vie, mon histoire et mes relations familiales que je mets en jeu. Jacques Myard me présente ses excuses pour l'attitude désinvolte de son avocat.

Après le procès, Sonia, toute auréolée de son nouveau statut d'émissaire des TJ, deviendra très actives sur le net, postant des commentaires m'accusant de mensonges sur des sites vendant mon livre ou sur des forums de discussion sur le thème de mon témoignage. Mais elle en disparaît tout aussi subitement quelques semaines plus tard en faisant disparaitre les profils qu'elle avait créés pour l'occasion.

Le 24 novembre 2009, le résultat du procès tombe. Le député est condamné et les *Témoins de Jéhovah* se font fort de communiquer autour de leur succès, le jour même de la décision, sur leur site officiel. Jacques Myard fait appel et me recontacte. Cette fois, son avocat compte bien utiliser les documents que j'avais compilés à leur attention. Je travaille avec eux pour préparer l'appel. Et cette fois-ci, la balance de la justice change de camp. Le 29 juin 2010, les TJ sont déboutés en appel et le député relaxé. Cette fois-ci, étonnamment, les *Témoins de Jéhovah* ne communiquent pas sur la nouvelle. Et sur leur site officiel, on trouve toujours une communication de la condamnation du député en première instance, se félicitant que «*Le Tribunal a ainsi sanctionné de manière exemplaire l'atteinte injustifiée qui avait été portée à l'honneur et à la liberté de croyance des Témoins de Jéhovah*», précisant que le député avait fait appel, mais sans aucune mention de l'issue réelle du procès. Le temps leur a sans doute manqué pour faire cette mise à jour... depuis 2009. Honnêteté quand tu nous tiens !

Nicolas, 25 ans, rescapé des Témoins de Jéhovah

CHAPITRE 23
Un père et manque

En janvier 2011, je reçois un appel de mon frère.

« Papa est mort ! »

Une crise cardiaque. Personne ne s'y attendait. Il avait fait un check up le matin même et le médecin l'avait déclaré en bonne forme. Le choc.
Mon frère et moi sautons dans un train, direction Lisieux. Ma mère sait que je viens aussi, mais ne souhaite pas que j'accompagne mon frère chez elle. Cela fait trop pour elle. Je vais donc chez la sœur de mon père, qui m'avait déjà accueilli pour le décès de ma grand-mère paternelle. A la gare, ma sœur Magali est là et me tombe dans les bras. C'est toujours dans ces moments terriblement douloureux que les sentiments véritables s'autorisent brièvement à s'affranchir de la pression du dogme. Mon frère part avec elle chez ma mère et moi avec ma tante. S'engage alors d'âpres pourparlers entre ma mère et moi dont mon frère est l'intermédiaire, à son grand désarroi. Je souhaite venir la voir. Elle ne le veut pas. A force d'insister, elle m'accorde une heure, pas d'avantage. Je ne demande pas plus. Et je peux revoir maman et faire la connaissance de mon neveu. Finalement l'heure s'allonge sans être pesante. Nous discutons de tout et de rien.

Deux *Témoins de Jéhovah* se présentent à la porte pour souhaiter leurs condoléances à maman. Elle, n'ose pas les laisser entrer, car je suis au salon et elle leur imposerait ma présence. Autant dire un entretien avec le Diable à leurs yeux. Je la rejoins à la porte.

Nicolas, 25 ans, rescapé des Témoins de Jéhovah

« Fais les entrer, je vais attendre à la cuisine. »

Je vois dans les yeux de ma mère qu'elle apprécie que je rende les choses simples pour elle. Après quelques heures avec elle, j'accompagne mon frère au funérarium pour régler les formalités administratives et voir papa. Mon frère reste avec ma mère jusqu'à l'enterrement qui aura lieu quelques jours plus tard. Je rentre pour ma part à Paris, ne pouvant rester avec ma famille, ma mère ne le souhaitant pas. Je tiens à lui rendre les choses le moins difficile possible dans ces circonstances douloureuses et ne tente pas de m'imposer. Avant de la quitter, je lui assure que quoi qu'elle souhaite pour l'enterrement, je me conformerai à ses souhaits. Si elle souhaite que je l'accompagne à l'intérieur de la Salle du Royaume pour le discours qui sera prononcé pour les obsèques, je le ferais. Si elle souhaite que je reste à l'extérieur, je m'y conformerai. Je tiens à ce qu'elle sache que je n'ajouterai rien à sa douleur et à la complexité de la situation.

Les jours précédant les obsèques seront pénibles entre tous. Je suis isolé de ma famille, à Paris. Mon frère me téléphone plusieurs fois par jour pour m'informer, mais il subit une pression monstre sur place. Au-delà de la douleur de la perte de mon père, qu'il doit lui aussi encaisser, la gestion des questions administratives, la préparation de l'après pour que ma mère ne manque de rien, il doit aussi gérer la douleur de ma mère et la pression qu'elle subit de la part du groupe à mon sujet. La pression douloureuse est telle qu'il ne peut s'empêcher de me reprocher mes actions et démarches pour dénoncer l'envers du décor chez les *Témoins de Jéhovah* pendant les années qui ont précédé. Je m'efforce de le rassurer et de le calmer avec le peu de moyens dont je dispose à distance, par téléphone. Mais ce que je peux exprimer a peu d'impact en comparaison de l'environnement dans lequel il baigne en permanence à ce moment là.

Ma mère me fait savoir qu'elle souhaite que je l'accompagne dans la Salle du Royaume et tout au long de la cérémonie. J'apprends dans le même temps que le siège des *TJ* de France a donné des instructions aux *anciens* de la congrégation de Lisieux. En aucun cas, je ne devrais être traité comme le serait d'ordinaire un apostat ou un démissionnaire en pareil cas. Il faudra me saluer et être accueillant. Ils disent avoir peur que je ne me fasse accompagner de la presse, à laquelle ils veulent fournir l'image la plus lisse possible. Jamais je n'aurais pu ne serait-ce que concevoir de mêler la presse à un tel évènement. Les dirigeants *TJ* ne semblent avoir aucune conscience de ma douleur d'avoir perdu mon père, dont ils m'avaient privé depuis tant d'années, ni aucun sens de la décence. En fait, mon statut spécial, eu égard à mes actions passées, m'accordera de vivre de façon digne les obsèques de mon papa. Pour autant, revenir sur les lieux et recroiser les acteurs de mon passé de *TJ* n'eut rien d'agréable.

Le jour J, je rejoins ma famille à la maison de ma maman. Ma sœur Sonia, accompagnée de la même amie *TJ* qui l'avait accompagnée lors du procès au Tribunal de Nanterre pour témoigner contre moi, fera tout pour m'éviter durant la journée. Elle ne me retournera pas mon salut, me fuira, ne m'adressera pas la parole, n'aura pour moi pas un regard. Contrairement à ma mère, à mon autre sœur et même à bien d'autres membres de la congrégation. Son orgueil blessé par le procès perdu dans lequel elle est venue m'affronter submerge toute dignité et relativisation du passé, en comparaison de ce genre d'événement, que l'on manifeste d'ordinaire dans ces circonstances. Elle ne veut sans doute pas s'autoriser la faiblesse de baisser la garde de haine qu'elle a dressé contre moi. Même un jour comme celui-ci.

Arrivé à la *Salle du Royaume*, pour le discours, les lieux sont noirs de monde. Mon père était très aimé, et pas seulement à Lisieux. Beaucoup de *TJ* sont venus, parfois de très loin, pour ses obsèques. Les voitures ont rempli le parking et les rues avoisinantes. Il n'y a pas assez de sièges dans la *Salle* pour accueillir tout le monde. A l'entrée, au moment de passer la porte, un des *anciens*, celui là même qui m'avait interrogé en *comité judiciaire* des années auparavant, vient redemander à ma mère si elle souhaite bien que je l'accompagne à l'intérieur de la *Salle*. Elle acquiesce et nous entrons dans le hall bondé pour rejoindre les places qui nous sont réservées au premier rang en traversant un étroit passage laissé par les *TJ* présents serrés les uns contre les autres. A mon passage, une certaine forme d'excitation est perceptible dans les regards, en particulier chez les quelques audacieux qui prirent l'initiative de me serrer la main. Ils avaient touché la bête. L'ennemi juré. Le reste de la cérémonie, jusqu'à la crémation, se passera dans la dignité et le recueillement avec ma famille. Certains *TJ* de la *congrégation* de ma mère, profitant que je m'étais éloigné du crématorium, après la cérémonie, pour être un peu seul avec ma peine, vinrent me trouver pour me présenter, hors des regards, leurs condoléances et partager quelques larmes le temps d'une étreinte. Ils aimaient beaucoup mon père. Tout comme moi. Et son départ prématuré nous laissait inconsolables.

Après ces évènements, je retrouvais un semblant de lien avec ma mère et ma sœur Magali. Je pouvais au moins les appeler. Mais petit à petit, je sentais un poids se réinstaller dans nos échanges, toujours de mon initiative. Rapidement, le contact se rompit tout à fait, ce qui était moins douloureux. Je prends depuis de leurs nouvelles à tous par l'intermédiaire de mon frère. Je sais que les faire quitter le mouvement est presque impossible maintenant. Que ce soit du fait de leur implication par les dirigeants TJ dans leurs procédures, mais surtout après le décès de mon père. Ma mère et mes sœurs espèrent maintenant le voir ressusciter dans le *Paradis* promis. Et si elles veulent pouvoir le revoir, elles se doivent d'être irréprochables, plus qu'elles ne l'ont jamais été. Elles doivent même en faire d'avantage que tout autre pour se racheter d'avoir élevé ou grandi avec Nicolas Jacquette. Tout cela rend difficiles les moyens d'accès permettant de les faire réfléchir sur ce qu'elles croient. Il ne me reste dès lors que l'attente. Je serai là pour elles, de toute façon, quoi qu'il arrive, comme j'ai été là pour mon frère. Et qui sait, un jour, peut être le voile de l'illusion finira-t-il par se déchirer. Ce jour là, je serai prêt à les accompagner pour qu'elles se réapproprient leur vie, à elles.

En ce qui me concerne, je peux affirmer aujourd'hui, m'être complètement séparé de toutes les traces d'embrigadement qui pouvaient subsister après ma sortie. Je suis libre des mécaniques, de la culpabilité, de l'auto-dépréciation. Libre des peurs instillées, ancrées, gravées pendant des années. Près de 10 ans ont été nécessaires pour y parvenir. Dix ans d'analyse, de travail, pour décortiquer l'embrigadement subi et m'en détacher. La liberté est à ce prix. Je suis aujourd'hui un homme libre et heureux. J'ai monté ma propre entreprise. Je vis en couple depuis maintenant 4 ans avec un garçon merveilleux, que j'aime et qui m'aime. Je vis mes rêves sans contraintes. Je vois mon avenir avec sérénité. Je ne fantasme plus sur l'éternité, mais au contraire, sachant l'échéance inéluctable que je partage avec tous les hommes, je travaille à remplir les années qui m'en séparent de belles réalisations, de rencontres riches, de découvertes et d'expériences précieuses. Je fais en sorte, à mon niveau, que mon passage sur cette terre laisse une petite trace qui compte, je m'efforce de rendre le monde plus beau, activement, plutôt que d'en attendre un meilleur, qui ne viendra jamais. J'aime ce monde imparfait, car on n'aime jamais quelqu'un que pour ses défauts.

C'est mon monde ! Mon paradis !

Nicolas, 25 ans, rescapé des Témoins de Jéhovah

EPILOGUE
Épilogue par Jérôme Liniger

La nébuleuse à peine soupçonnée de l'organisation des *Témoins de Jéhovah* est vaste et parce qu'il est né dedans, Nicolas nous permet par son témoignage de découvrir l'incroyable complexité des rouages psychologiques dans lesquels se perdent les enfants TJ. Il en connaît tous les fonctionnements car il a fait partie d'une famille TJ modèle. Il a été un adepte exemplaire, parfaitement formaté pour ce dieu exigeant. Il connaît ses lois pour les avoir respecté avec rigueur, appliqué avec foi et constance. Il les a subies et constatées. Ce témoignage nous expose avec efficacité et courage cette vie infligée aux enfants dans la secte. Ce témoignage ne relate que les faits, et ils parlent d'eux-mêmes. Les pratiques d'endoctrinement sautent aux yeux entre chaque ligne, dans chaque paragraphe.

En fait, Nicolas échappe à l'emprise de l'Organisation car il ose douter ! Alors, au prix d'une véritable torture psychologique, le rempart de ses convictions se fissure. La vision d'horreur qu'il se fait de ce monde qu'est le nôtre, rempli de méchants et de fausses religions, tous manipulés par Satan, tout s'effondre. L'univers extérieur à la secte lui apparaît sous un nouveau jour et avec l'aide d'amis il redécouvre ce monde avec un regard libre de jugement dogmatique et sans la peur de mourir lors d'*Armageddon*.

Comme tous ceux qui ont rencontré Nicolas ces dernier mois, le lecteur peut être impressionné par sa lucidité sur sa vie passée et l'analyse qu'il en fait. Le fait d'écrire ce témoignage et de disséquer les processus de manipulation de la secte des *Témoins de Jéhovah* pourrait laisser penser que cette organisation n'est pas si dangereuse, puisqu'il en est finalement sorti et que sa capacité d'analyse peut sembler ne pas en avoir été altérée. Ce pourrait être vrai s'il était effectivement sorti par ses propres moyens... mais ça n'a pas été le cas. Il affirme aujourd'hui qu'il en aurait été incapable. Les illusions que la secte avait dressé devant ses yeux par l'entremise, notamment, de ses parents, l'empêchaient de prendre conscience de quoi que ce soit. Il n'avait aucun recul. C'est à retrouver le droit de douter librement que nous l'avons soutenu, moi et d'autres, pendant les mois qu'a duré son chemin de sortie de la secte.

En fait l'histoire de Nicolas est banale et exceptionnelle à la fois. Tristement banale parce que, comme lui, 40 000 enfants en France sont aujourd'hui victimes de cet endoctrinement, subissant ses dogmes totalitaires. Sous l'œil inquisiteur de Jéhovah, ces enfants prosélytes de tous les instants n'ont alors plus qu'un objectif, celui de convertir leur entourage à la seule vraie religion qui puisse les sauver avant la très proche fin du monde. Mais son histoire est aussi exceptionnelle parce que les ex-adeptes capables de raconter leur passé sont très rares, qui plus est quand ils sont nés dans l'organisation. Si rares que les autorités peinent à connaître ce qui s'y trame réellement. Si rares que certain prétendent que les quelques victimes qui se font connaître ne sont que des cas isolés sans intérêt. Si rares que lorsque Nicolas s'exprime devant la commission parlementaire, d'autres autorités ou encore des journalistes, tous sont choqués par ce qu'ils découvrent et par le machiavélisme de l'embrigadement qu'il a subit. Exceptionnelle également parce que Nicolas s'exprime avec distance sur ce passé si proche, sans amertume, ni rancune. Seule tristesse qui laisse planer son ombre sur les jours heureux qu'il vit aujourd'hui : sa famille qui lui tourne le dos, suivant les préceptes de la secte. Mais avec son courage de jeune homme, il fait le bilan, analyse les tourments de l'époque et sa liberté d'aujourd'hui. Il se dresse à présent face à la secte en disant haut et fort ce que toutes les victimes subissent en silence.

Exceptionnelle enfin parce que ce chemin de sortie s'est fait en ligne droite, si vite que la porte entrouverte par laquelle il s'est enfuit n'a pas eu le temps de se refermer sur lui. En effet, lorsque Nicolas m'apprend qu'il est *Témoin de Jéhovah* je décide de répondre à cet appel au secours qu'il lance de l'intérieur de sa

Épilogue par Jérôme Liniger

prison spirituelle et de l'aider à trouver la porte, de comprendre qu'elle est ouverte et qu'il peut la franchir. Soutenus et aidés par l'ADFI de Lille, nous nous sommes alors attelés, à lui faire prendre conscience de sa capacité et de son droit à décider pour lui, à ne plus se considérer comme partie d'un groupe mû par une pensée collective, mais bien comme un être pensant unique, pouvant décider de sa vie et de son avenir. Nous avons étudié le vocabulaire de la secte, ses dogmes et ses mythes, lu des témoignages d'autres victimes et des livres sur les sectes en général et sur les *Témoins de Jéhovah* en particulier… nous avons même découvert sa bible, si finement modifiée. Nous avons alors organisé une véritable stratégie pour tenir Nicolas hors d'atteinte des griffes de la secte afin qu'il puisse réinventer la vie qui lui appartient aujourd'hui.

Mais le spectre de la secte rôde encore et Nicolas, bien que totalement libéré de l'emprise du groupe, lutte toujours contre les réminiscences de ses 22 ans d'endoctrinement. Il lui faudra du temps pour s'en débarrasser totalement. C'est un processus long et difficile que connaissent tous ceux qui ont un jour eu à quitter ce genre de mouvement. Mais qu'importe, aujourd'hui il est libre !

Les *Témoins de Jéhovah* imposent un regard unilatéral sur la totalité des facettes de la vie de leurs adeptes. Rien n'échappe à la régence de la secte : un « Big Brother » spirituel qui construit une véritable prison morale autour et à l'intérieur de chaque adepte. Il est toujours intéressant de constater qu'en se penchant sur les pratiques de la secte des *Témoins de Jéhovah*, il est possible d'élargir le débat.

En France, cette organisation est classée parmi les sectes. C'est écrit noir sur blanc, sur tous les rapports. Mais est-ce là la question ? Ce ne sont pas les dénominations qui importent mais bel et bien les dérives sectaires dangereuses qui réclament la vigilance de tous. La manipulation médiatique de la secte est planifiée, pensée, organisée. Leur présence dans le paysage social se banalise de manière inquiétante. Ils sont aujourd'hui en France plus de 120.000 adeptes à être persuadés de faire partie d'une « religion persécutée ». Ils ne cessent d'en réclamer l'officialisation sous couvert de liberté de culte, profitant de l'ignorance générale sur le sujet, désinformant les médias et les autorités, multipliant les conférences de presse prosélytes, les procès en diffamation, le discrédit et les attaques personnelles contre leurs détracteurs, cultivant systématiquement le secret et la dissimulation. Nous sommes, en fait, face à une entreprise multinationale de communication à but lucratif.

Ce témoignage nous fait découvrir cette vie soumise de conviction et de dévotion par un rapport précis de ce que subissent jours après jours les enfants victimes de cette organisation. Les faits parlent d'eux-mêmes et leur simple énumération laisse à chacun l'opportunité de comprendre la menace que le totalitarisme des dérives sectaires jette sur nos libertés individuelles.

Jérôme Liniger

GLOSSAIRE
Le vocabulaire de la manipulation

Mystification, ritualisation, détournement de sens, nihilisme étymologique, pensée réactionnaire et retour aux « valeurs pures » : toutes les composantes de la manipulation mentale sont bel et bien présentes dans leur vocabulaire.
La définition de nombreux termes employés par la secte mérite une explication de texte. En effet, comme dans toute propagande, le langage est l'arme absolue. Ainsi, la secte utilise-t-elle une terminologie propre, volontairement obscurantiste pour les non-initiés. Elle est enseignée aux enfants dès leur plus jeune âge et très vite assimilée.
Beaucoup de ces mots sont tirés de leur Bible. Cela confère un caractère sacré au vocabulaire et, par conséquent, au mouvement. La secte n'hésite pas à le qualifier de « langue pure ». Elle affirme que ce langage est le moyen d'expression unique de tous les *Témoins de Jéhovah*, quel que soit leur pays. Elle certifie que seule cette « langue pure » sera en vigueur dans le *Paradis* futur espéré.

Ce glossaire a deux objectifs. Le premier est de mettre en évidence l'efficacité globale du mouvement et son incroyable cohérence. Le second est de donner à tous la possibilité de décoder ce langage et d'en dégager le mécanisme manipulateur, basé, comme souvent dans les mouvements totalitaires, sur la peur. Nous vous en livrons ici une version synthétique, indispensable à la compréhension du témoignage. Ceux qui souhaitent en consulter une version plus développée peuvent la trouver sur le web à l'adresse suivante :
http://www.cnvotj.org/glossaire-tj.html

Anciens
Adeptes à qui est confiée la responsabilité d'une *congrégation*, à raison d'une dizaine d'*anciens* pour une centaine d'adeptes. L'ensemble des *anciens* d'une *congrégation* est appelé collège des *anciens*. Ils ont en charge les tâches administratives du lieu de culte, l'enseignement, l'encadrement et le jugement de ses membres.

Ami de la Vérité
Terme employé pour désigner un *étudiant de la Bible*, ou bien quelqu'un, souvent de la famille d'un adepte, ne montrant pas d'hostilité envers les *TJ*, voir de la sympathie, et assistants ponctuellement à des *réunions* ou des évènements de la communauté comme le *Mémorial* ou bien des mariages ou des rassemblements récréatifs. Il est considéré comme à moitié fréquentable, car potentiellement convertible, mais aussi à moitié dangereux car n'ayant jamais rejoint franchement le mouvement non plus.

Apostasie ; *Apostat*
Définit un adepte qui se retourne contre la secte, prône un enseignement différent ou critique l'enseignement ou les directives des membres dirigeants. Toute divergence d'opinion avec la doctrine de la secte est qualifiée d'*apostasie*.

Armageddon
C'est « *La grande guerre du Jour du Dieu* », ainsi définie dans leur Bible. Dieu, par l'intermédiaire de Jésus, à la tête d'armées d'anges, est censé détruire *le monde* de Satan. Autrement dit tous ceux qui ne sont pas *Témoins de Jéhovah*.

Assemblées
Ce sont les trois grands rassemblements annuels qui réunissent les membres des *congrégations* des régions et des districts en un même lieu : l'*Assemblée de Circonscription*, l'*Assemblée Spéciale d'un jour* et l'*Assemblée de District*. C'est à ces moments-là qu'ont lieu les baptêmes des nouveaux adeptes et que sont présentées les nouvelles *publications* imprimées par la *Watchtower*. Cela se traduit par une série de discours, d'interviews et de scènes jouées, entrecoupées de chants et de prières dans le style télé-évangéliste.

Assistants ministériels
Ce sont les assistants des *anciens* des *congrégations* ; ces derniers leur délèguent des tâches, pour la plupart administratives. Ces assistants aspirent à devenir des *anciens*. Ce statut est une sorte de palier intermédiaire entre celui d'adepte et celui de dirigeant de la *congrégation*.

Béthel
Il désigne le siège national de la secte. Chaque pays où les *Témoins de Jéhovah* sont présents en possède un. La maison mère, le siège mondial, est le *Béthel* de Brooklyn où se trouvent les dirigeants. Ces dignitaires sont appelés *collège central*. C'est du *Béthel* de Brooklyn qu'émanent les directives, reprises par les *Béthels* des autres pays, puis par les *congrégations* du monde entier.

Congrégation
Définit le lieu où se réunissent les adeptes. Il est également appelé *Salle du Royaume*. Le mot *congrégation* décrit également l'ensemble des adeptes d'une ou de toutes les *congrégations*.

Discours Public
L'une des cinq *réunions* hebdomadaires. Elle consiste en un discours de cinquante minutes.
C'est, avec le *Mémorial* de la mort du Christ, la seule *réunion* à laquelle le public est convié.

École du ministère théocratique
L'une des cinq *réunions* hebdomadaires consistant en une véritable école d'expression de la rhétorique sectaire en public.

Étude biblique
Désigne le programme de conversion qui consiste en l'étude d'un livre intitulé « *La connaissance qui mène à la vie éternelle* ». Celui-ci est conçu pour conduire naturellement la personne au *baptême* et ce, dans un délai moyen d'un an.

Étude de La Tour de Garde
L'une des cinq *réunions* hebdomadaires qui consiste en un examen par la lecture, sous forme de question/réponse, d'un des deux articles prévus à cet effet dans la revue *La Tour de Garde*, éditée par la *Watchtower*.

Nicolas, 25 ans, rescapé des Témoins de Jéhovah

Étude de livre
C'est la seule *réunion* hebdomadaire qui n'a pas lieu à la *Salle du Royaume*. La *congrégation* est divisée en petits sous-groupes qui se réunissent dans le foyer d'un membre, le plus proche de chez eux géographiquement. Lors de cette séance de travail, un livre est étudié, sur le même modèle que l'*étude de la Tour de Garde*.

Etudiant de la Bible
Définit quelqu'un qui s'est montré réceptif au prosélytisme *TJ* au point d'accepter une *étude biblique*, mais n'est ni *proclamateur*, ni encore *baptisé*. C'est un débutant. Il est couvert d'attentions pour l'amener à être adepte le plus vite possible, mais également objet de méfiance car considéré comme ayant encore un pied dans *le monde*, n'ayant pas assez *étudié* pour devenir *proclamateur* ou se faire *baptiser*.

Exclu / exclusion
Définit un membre qui a *péché*, ne s'est pas repenti et a donc été *exclu* de la *congrégation*. Le *péché* consiste en une action qui va à l'encontre d'un ordre ou d'une interdiction de la secte. Le repentir consiste en une confession du *péché* aux *anciens*. L'*exclusion* implique une cessation de tout contact avec les membres de la secte, amis ou membres de la famille.

Frères et sœurs
C'est ainsi que s'appellent les membres de la secte entre eux. L'appellation de *frères et sœurs* est uniquement réservée aux adeptes baptisés. Les *étudiants de la Bible* sont appelés *amis de la Vérité*. Tous les autres sont *les gens du monde* dominés par Satan.

Jéhovah
C'est le nom qu'ils donnent à Dieu. Il est repris sur le nom du Dieu des juifs de l'Antiquité : le tétragramme YHWH, prononcé Yahvé.

Journées Pionnier
Journées pendant lesquelles les adeptes qui le souhaitent partent sur un *territoire* éloigné pour *prêcher*. Ce type de journée

est souvent organisé pendant les jours fériés, les ponts et les vacances scolaires.

La Bonne nouvelle du Royaume
Terme qui définit le message que les adeptes *prêchent* : La bonne nouvelle selon laquelle *le Royaume de Dieu* gouvernera bientôt la Terre débarrassée de la méchanceté et transformée en *Paradis*. Ce terme définit également l'activité de *prédication* elle-même.

La Grande Foule
Désigne l'ensemble des *Témoins de Jéhovah* censés accéder au *paradis*, en opposition au *petit troupeau*, désignant les 144 000 *oints*, ou choisis, qui les gouverneraient au ciel aux côtés de Jésus.

La Tour de Garde
L'une des deux revues bimensuelles phares, éditées par la *Watchtower* et diffusées par les *Témoins de Jéhovah*.

Les Saintes Écritures : Traduction du Monde Nouveau
Il s'agit de la version de la Bible des *Témoins de Jéhovah*.

La Vérité
Les *Témoins de Jéhovah* considèrent qu'ils connaissent la seule vérité sur Dieu, l'humanité, la vie, *le monde*, le passé, le présent et le futur. Être ou non dans *la Vérité* est synonyme pour eux d'être ou non *Témoins de Jéhovah*.

Le monde
Définit tous ceux qui ne sont pas *Témoins de Jéhovah*, *le monde* en dehors de la secte. Ce *monde* est, pour les *Témoins de Jéhovah*, destiné à la destruction divine car dominé par Satan.

Le monde nouveau
Désigne le *Paradis* que les *Témoins de Jéhovah* espèrent après la destruction du *monde* méchant.

Membre du collège central
Ce sont les membres dirigeants de la *Watchtower*, au nombre de dix actuellement et originellement tous *membres oints*. Au fur et à mesure de leur décès, ils ont été remplacés par des

TJ non oints. Ils siègent à Brooklyn, dans un grand complexe immobilier, aujourd'hui mis en vente. Ils ont entrepris la construction d'un nouveau siège mondial en Pennsylvanie, où la fiscalité et la législation sont très favorables aux groupes cultuels. Ce sont eux qui donnent les nouvelles instructions et les enseignements pour tout ce qui concerne la croyance et le culte. Ils sont considérés comme les seuls habilités à le faire car ordonnés par Dieu.

Membres oints / 144 000 / le petit troupeau
Groupe de *Témoins de Jéhovah* au nombre de 144 000 espérant vivre au ciel pour gouverner au côté de Jésus pendant le millénaire où le reste des *Témoins de Jéhovah*, habitant du *paradis*, accédera à la perfection. Ils sont aussi appelé *le petit troupeau*, par opposition à *la grande foule* du reste des *TJ*.

Mémorial de la mort de Jésus
C'est la célébration de la secte la plus importante de l'année car, d'après leur Bible, c'est l'unique événement que Jésus aurait demandé à ses disciples de perpétuer en souvenir de lui. À cette occasion, est reproduit le cérémonial de la dernière pâque du Christ avec ses apôtres.

Missionnaire
C'est un évangéliste qui part à l'étranger, sillonne les régions du monde vierges de toute *prédication* des *Témoins de Jéhovah* ou bien dans d'autres où le nombre de *proclamateurs* est limité alors que le potentiel de conversions est élevé pour y fonder de nouvelles *congrégations*.

Opposant
Terme qui définit, pour les *Témoins de Jéhovah*, tous ceux qui tiennent des propos négatifs à leur encontre ou qui manifestent de l'hostilité contre eux ou leurs pratiques.

Païen
Défini tout ce qui peut de près ou de très loin être associé aux cultes de l'antiquité, ou à d'autres mouvements cultuels contemporains, qui ne sont pas ceux du monothéisme jéhoviste. À ce titre, les rites des principales fêtes (Noël, Pâques, les anniversaires etc.) sont considérés comme *païens* car originaires de cultes des dieux romains et grecs. C'est en

vertu de cela que les *Témoins de Jéhovah* refusent de les célébrer et l'interdisent à leurs enfants.

Pécher
Pèche tout adepte qui fait quelque chose que la secte prohibe. Le *pécher* est pour un *TJ* un crime qui peut le priver de *la vie éternelle* s'il ne se repent pas.

Pionnier
C'est un adepte qui s'engage par contrat à *prêcher* soixante heures pendant un mois. Comme tous les autres engagements à la *prédication*, cette mission n'est absolument pas rémunérée.

Pionnier Permanent
C'est un adepte qui s'engage par contrat à *prêcher* quatre-vingt dix heures par mois pendant un an.

Pionnier Spécial
C'est un *pionnier permanent* qui accepte de partir à ses frais dans une région ou à l'étranger, partout où il manque des *prédicateurs* ou bien là où il faut former une nouvelle *congrégation*.

Prédication / prêcher
C'est l'action, obligatoire, pour un adepte de la secte, de *prêcher* à d'autres. C'est-à-dire d'utiliser tous les moyens possibles pour répandre les croyances du mouvement.

Privilège de service / charge
Définit les diverses responsabilités que les adeptes masculins peuvent atteindre au sein de la secte : *assistant ministériel, ancien, surveillant de circonscription, surveillant de district*.

Proclamateur / prédicateur
Tout adepte qui participe à la *prédication*.

Publications
Englobe toute la littérature éditée par les *Témoins de Jéhovah*.

Rapport d'activité
Bordereau comptabilisant les heures de *prédication* de chaque *proclamateur* à remettre à la fin de chaque mois dans une boite prévue à cet effet dans *la Salle du Royaume*. Les heures consacrées

et les *publications* distribuées sont ensuite comptabilisées et permettent de contrôler l'adepte. Si une baisse d'heures est constatée, il sera recadré par les *anciens* qui l'enjoindront à investir d'avantage dans la *prédication*. Ces données permettent aussi d'établir les chiffres de la *congrégation*, de la ville, du pays, du monde. Chiffres qui se retrouveront chaque année dans *l'Annuaire des Témoins de Jéhovah*, comparant les heures consacrées et faisant état des baisses ou hausses d'efficacité du prosélytisme en fonction des pays. Ces chiffres servent aussi d'outil de communication en interne et en externe.

Refroidi
C'est un adepte qui ne s'est pas retiré officiellement du mouvement et ne fournit aucun motif officiel d'*exclusion*, mais qui ne *prêche* plus ou presque plus et qui n'assiste plus ou presque plus aux *réunions* et *assemblées*.

Réunion
Désigne une des cinq *réunions* hebdomadaires où les adeptes doivent se réunir entre eux à *la Salle du Royaume* ou dans un foyer. *L'École du Ministère Théocratique* et *la réunion de service* du Mardi. *L'étude de Livre* du Jeudi. *Le discours publique* et *l'étude de la Tour de Garde* du week-end.

Réunion de Service
L'une des cinq *réunions* hebdomadaires qui consiste à examiner un fascicule intitulé *Le ministère du Royaume* sous forme de question/réponse ou d'exposé. Ce document à usage strictement interne ne doit pas être remis à des personnes étrangères à la *congrégation*.

Réveillez-vous !
C'est l'une des deux revues phares éditées par la *Watchtower* et diffusées par les *Témoins de Jéhovah*. Contrairement à *La Tour de Garde*, qui est sensiblement orientée sur les sujets bibliques et les ordonnances du groupe, cette publication tente de séduire les lecteurs et de les convertir au dogme par le biais d'articles pseudo- scientifiques ou paramédicaux.

Salle du Royaume
Lieu de *réunion* des adeptes de la secte. Une salle simplement garnie de sièges, sans idoles, ni icônes, ni symboles.

Sodome et Gomorrhe
Ces deux villes de la légende biblique ont été détruites par le feu par Dieu parce que leurs habitants pratiquaient l'homosexualité.

Surveillant de circonscription
Il est chargé de la surveillance des *congrégation*s d'une circonscription, un ensemble de régions. Il les visite les unes après les autres et passe une semaine dans chacune d'elles. On lui soumet les propositions de nominations des nouveaux *anciens* et *assistants ministériels*. Il traite les problèmes que les *anciens* ne parviennent pas à régler. Il donne également des instructions aux seuls *anciens* des *congrégation*s et ce, uniquement oralement lors de *réunions* à huis clos.

Surveillant de district
Il est responsable de plusieurs circonscriptions. Il ne visite pas les *congrégation*s. Il reçoit les rapports des *surveillants de circonscription* et intervient en public lors des *assemblées de district*. Il a accès à un plus haut niveau d'informations sensibles du groupe.

Territoire
Le *territoire* est attribué à une *congrégation* pour qu'elle y *prêche*. C'est une aire de plusieurs kilomètres carré autour du lieu où la *congrégation* est installée.

Vie éternelle
C'est l'un des fondements de la croyance des *Témoins de Jéhovah*. Selon leur interprétation de la Bible, Dieu offre aux humains, qui lui sont fidèles, la possibilité de vivre éternellement sur la terre transformée en *Paradis*. Au préalable, il aura débarrassé la Terre des méchants. Pour y prétendre, les adeptes doivent être totalement acquis à la cause de la secte.

Watchtower
Nom américain de l'organisation des *Témoins de Jéhovah*.

Nicolas, 25 ans, rescapé des Témoins de Jéhovah

CONTACTS UTILES
Les conseils et les secours

Le premier réflexe de Jérôme, pour m'aider à quitter la secte, fut de trouver un livre pour se renseigner sur les *Témoins de Jéhovah*. Si le livre de Charline Delporte « *Témoins de Jéhovah – les victimes parlent* » n'avait pas contenu une liste de contacts utiles dont l'ADFI, il ne l'aurait jamais contactée ou pas immédiatement et je ne serais peut être pas libre aujourd'hui. Alors pour continuer la chaîne, voici une liste de contacts d'organismes, associations et liens utiles.

Organismes Gouvernementaux

MIVILUDES : Mission Interministérielle de Vigilance et de Lutte contre les Dérives Sectaires
Instituée auprès du Premier Ministre (Journal Officiel n°201 du 30 août 2005 et Journal Officiel n°278 du 29 novembre 2002 page 19646)
66 rue de Bellechasse Paris 75007
01 42 75 76 08
Mail :miviludes@miviludes.pm.gouv.fr

La défenseur des enfants
traite les réclamations relatives au non respect des droits de l'enfant,
promeut et informe sur ces droits,
propose des modifications de la législation.
http://www.defenseurdesenfants.fr

Organismes Européens

FECRIS : Fédération Européenne des Centres de Recherche et d'Information sur le Sectarisme
Statut d'ONG participatif auprès du Conseil de l'Europe.
26 A, rue Espérandieu – 13001 Marseille – France
Mail :presidence@griess.st1.at

Associations

L'UNADFI: Union Nationale des Associations de Défense des Familles et de l'Individu Victimes de Sectes, présidée par Mme Catherine Picard, à l'initiative de la loi About-Picard, a pour but de prévenir les agissements des groupes, mouvements et organisations à caractère sectaire ainsi que de défendre et d'assister les familles et l'individu victimes de groupes, mouvements ou organisations à caractère sectaire, quelles que soient leur appellation, leur forme et leurs modalités d'action, portant atteinte aux Droits de l'Homme et aux libertés fondamentales définis par la Déclaration Universelle des Droits de l'Homme.
Pour communiquer avec l'ADFI de votre région, connectez vous sur le site de l'UNADFI et cliquez sur «contacter votre ADFI» vous aurez accès aux coordonnées postales et téléphoniques de toutes les ADFI régionales.
L'UNADFI est membre de la FECRIS.
http://www.unadfi.org
130 rue de Clignancourt, 75018 Paris
01 44 92 35 92

L'ADFI Nord Pas de Calais, présidée par Mme Charline Delporte, traite particulièrement les problèmes liés aux *Témoins de Jéhovah* et a créé une cellule d'accueil, de soutien et d'échange.
Pour la contacter:
19 place Sébastopol – 59800 LILLE
03.20.57.26.77

CCMM. : Centre de documentation, d'Éducation et l'action Contre les Manipulations Mentales – Centre Roger Ikor
http://www.ccmm.asso.fr
3 rue Lespagnol 75020 PARIS
01.44.64.02.40

Les conseils et les secours

La CNVOTJ: Coordination Nationale des Victimes de l'Organisation des *Témoins de Jéhovah*
Fondée par Charline Delporte en 1997 et reprise en 2007 par Jérôme Liniger, Alain Bérou et Nicolas Jacquette, cette association a pour vocation de collecter des témoignages de victimes, de servir de base d'information et de plateforme de direction vers les différentes associations agissant pour la protections des victimes de sectes.
http://www.cnvotj.org

Attention ENFANTS
Pour la défense des enfants et adolescents contre les agissements des sectes
16 rue des Batignolles 75017 Paris
01.45.22.17.98
Email :attention.enfants@free.fr

Ligue des droits de l'Homme
138 rue Marcadet, 75018 Paris.
01 56 55 51 00
http://www.ldh-France.asso.fr

Ligue de l'enseignement
Soutient la création en France d'une école publique et laïque.
http://www.laligue.org

Liens Internet utiles

Prévensectes
http://www.prevensectes.com
Site internet de prévention et d'information sur le phénomène sectaire

CLPS : Cercle Laïque pour la Prévention du Sectarisme
http://www.actu-sectarisme.com
29 BOULEVARD Charles de Gaulle - 70000 VESOUL
03.84.97.57.12

Nicolas, 25 ans, rescapé des Témoins de Jéhovah

REMERCIEMENTS
Ceux sans qui rien n'aurait été possible

À Jérôme et Christophe, qui m'ont aidé à ouvrir les yeux et à sortir de la secte. Pour le soutien inconditionnel et l'amitié extraordinaire qu'ils me témoignent dans ce combat.
À Madeleine, de l'ADFI Nord-Pas-de-Calais, dont j'ai changé le prénom dans cet ouvrage, pour les précieux conseils donnés pour me faire sortir et pour le soutien qu'elle m'a apporté directement ensuite.
À Alain Berrou, pour la confiance qu'il m'a accordé.
À Charline Delporte, présidente de l'ADFI Nord-Pas-de-Calais, pour son dévouement, son soutien et l'énergie apportée à cette association.
À mon éditeur, Jean-Claude Gawsewitch, pour sa confiance et son courage.
Au député Georges Fenech, président de la Commission d'Enquête Parlementaire « Sectes et Enfants » pour m'avoir permis de m'exprimer devant la Commission et m'avoir fait l'honneur de préfacer mon témoignage, ainsi qu'à ses collègues M. Vuilque, Mme David, M. Gest, M. Brard, M. Salles, Mme Adam, Mme Aurillac, M. Blisko, M. Cochet, M. Decocq, M. Dehoux, M. Geoffroy, M. Heinrich, M. Hugon, M. Hunault, M. Kossowski, M. Lambert, Mme Lévy, M. Morel-a-L'huissier, M. Myard, M. Prevost, M. Raoult, M. Remillier, Mme Robin-Rodrigo, M. Roques, M. Tabarot, M. Tourtelier et M. Vitel pour leur travail exceptionnel au sein de cette commission et l'intérêt qu'ils portent à l'emprise sectaire en France depuis des années.
À Catherine Picard, présidente de l'UNADFI, pour son soutien actif et sa confiance.

À Catherine Catz, secrétaire générale de la MIVILUDES, et à Anne Fournier, chargée de mission à la MIVILUDES pour leur soutien et leur confiance.

À tous les membres de la MIVILUDES (mission interministérielle de vigilance et de lutte contre les dérives sectaires), pour leur travail essentiel afin que la France reste un pays de liberté et de laïcité.

Aux ADFI, pour le travail efficace et passionné fourni par l'ensemble des équipes.

À tous ceux qui m'ont soutenu, aidé, conseillé, guidé dans la rédaction de ce témoignage.

Aux nombreuses personnes qui, de près ou de loin, livrent la même bataille contre le totalitarisme spirituel et avec lesquelles nous avons encore tant à faire.

Ceux sans qui rien n'aurait été possible

TABLE DES MATIÈRES

9	Introduction de Georges Fenech
13	Lettre à ma famille
17	Note au lecteur
19	Nicolas, 25 ans, rescapé
23	Ma famille *Témoin*
33	Pas plus grand qu'un Schtroumpf !
49	Mamie n'est plus dans *la Vérité*
55	Un parfait petit *prêcheur*
63	Du *prêche* au prosélytisme. Du porte-à-porte à l'école.
69	Une famille en or – Du « je » au « nous »
85	Rêve de gosse
89	Jeux interdits
99	La mort dans l'âme
111	Sexe, mensonges et vidéo
119	*Témoin* à charge
131	Piqûre de rappel
135	Retour de flamme
145	Le rat des champs à la ville
151	Opération Nicolas
161	Pars sans faire de bruit !
169	Au revoir Mamie
177	De l'obscurantisme à la lumière
181	Conclusion – Novembre 2007
183	Sept ans plus tard – novembre 2014
191	Coup de théâtre
197	Un père et manque
203	Épilogue par Jérôme Liniger
207	Le vocabulaire de la manipulation
217	Les conseils et les secours
221	Ceux sans qui rien n'aurait été possible